CHARLES SIMMONS

LEBENSFALTEN

CHARLES SIMMONS

LEBENSFALTEN

ROMAN
AUS DEM ENGLISCHEN ÜBERSETZT
VON SUSANNE HORNFECK

VERLAG C.H.BECK

Für Nancy

Titel der Originalausgabe:
Wrinkles, erschienen bei Farrar, Straus & Giroux in New York
© 1978 Charles Simmons

ISBN 3 406 47124 2

Für die deutsche Ausgabe
© Verlag C.H.Beck oHG, München 2001
www.beck.de
Satz: Kösel, Kempten
Druck und Bindung: Freiburger Graphische Betriebe, Freiburg
Gedruckt auf säurefreiem, alterungsbeständigem Papier
(hergestellt aus chlorfrei gebleichtem Zellstoff)
Printed in Germany

Noch bevor er in die Schule kam, brachte ihm seine Mutter Zahlen bei. Zuerst lernte er die Zahlwörter, indem er sie aufsagte und die Finger der Faust einen nach dem anderen entfaltete. Jede Zahl fühlte sich anders an. Die Eins war perfekt und freundlich. Die Zwei war nicht so kompliziert, wie sie aussah, zumindest wenn er sie ordentlich schrieb, so wie ein Z. Betrachtete man nämlich die Mittellinie als Verbindung zwischen dem oberen und dem unteren Strich, so hatte man die Bedeutung dieser Zahl. Die Drei war ihm angenehm: Ihre drei Spitzen machten sie leicht eingängig. Zwei Dreien zusammen hatten insgesamt sechs Spitzen. Wenn man die Vier oben offenließ, ergaben sich vier Spitzen. Bei der Fünf funktionierte das System nicht mehr, und sie war entsprechend schwer zu schreiben; aber da es die Hälfte von zehn war, ließen sich schnelle und präzise Operationen damit durchführen. Die Sechs war zwar gerade, aber da sie Kurven hatte wie die Drei und die Fünf, ähnelte sie eher einer ungeraden Zahl. Die Sieben war am schwierigsten; es gab kaum Hinweise auf die Menge der Einheiten, die sie darstellte. Bestenfalls konnte man sich fünf Einheiten vorstellen und zwei daneben. Dennoch war sie täuschend einfach zu schreiben; ihr war nicht zu trauen. Die Acht empfand er als unangenehm widersprüchlich: Sie hatte Kurven wie eine ungerade Zahl, doch ihre vertikale Symmetrie machte sie zu einem Symbol der Geradheit. Die einzige Möglichkeit, mit der Neun umzugehen, war, sie als zehn weniger eins zu betrachten, und dafür daß sie eine ziemlich hohe Zahl war, kam er gut mit ihr zurecht: zwei mal zehn war zwanzig, und zwei mal neun war daher zwei Einser weniger als zwanzig, also achtzehn. Das funktionierte bis hinauf zu neun Neunern: neun mal neun war neun Einer weniger als neun mal zehn, also einundachzig. Die Null war, ebenso wie die Eins, perfekt. Als er fünf war und einmal mit Grippe im Bett lag, entdeckte er, daß die Reihe von null bis neun jenen von zehn bis neunzehn, zwanzig bis neunundzwanzig und so fort entsprach. Diese Erkenntnis gab ihm ein Gefühl ungeheurer Macht, und er schrieb die Zahlen von eins bis einhunderteinundfünfzig auf ein Blatt Papier. Er wußte nun, daß er mit entsprechender Ausdauer in der Lage sein würde, unendlich viele Zahlen zu erschaffen. Seine Mutter prüfte die Liste und zeigte sie am Abend seinem Vater. Der war hocherfreut und erzählte, daß Arithmetik in der Grammar School sein bestes Schulfach gewesen sei. Da sein Vater über die Grammar School nicht hinausgekommen und nach Aussagen der Mutter ein ausgesprochen intelligenter Mann war, mußten Zahlen demnach ein wichtiger Bestandteil von Vaters Intelligenz sein. Arithmetik wurde auch sein bestes Fach in der Grammar School. In der zweiten Klasse verkündete sein Lehrer zu Beginn des Schuljahrs, daß die Vier künftig oben offen sein müßte. Das kam ihm sehr entgegen, verunsicherte aber alle anderen Schüler; in der ersten Klasse hatte man ihnen beigebracht, die Vier oben geschlossen zu schreiben. Inzwischen hatte sich die Meinung offenbar geändert. Er stellte sich eine Versammlung von Erwachsenen vor, die diesen Entschluß vermutlich im Lauf der Sommerferien gefaßt hatten. Da er sich das Dezimalsystem selbst erschlossen hatte, waren ihm die Zusammenhänge der Multiplikationstabelle durchaus vertraut, doch die Lehrer bestanden darauf, daß sie stur auswendig gelernt werden sollte. Wenn er eine Aufgabe lösen mußte, ging er daher im Geist die memorierten Kolonnen durch, verhedderte sich regelmäßig und verlor so mit der Zeit sein Gefühl für die Architektur des Zahlengebäudes. Im ersten Jahr der High School hatte er in Algebra einen Exzentriker mit vorstehenden Zähnen, außerdem zerstörte das Hinzutreten von Buchstaben die Eleganz der Zahlen, und so wurde Mathematik zu seinem schlechtesten Fach. Als er zum Militärdienst eingezogen wurde, hatte er Teile der Multiplikationstabelle bereits vergessen – sechs mal sieben, sieben mal acht, acht mal zwölf –, und er schnitt beim Intelligenztest der Armee schlecht ab. Er ging zum befehlshabenden Offizier, erklärte das Problem und bat, den Test wiederholen zu dürfen. Am Abend vor dem Test schrieb er die Tabelle ab, rechnete einige der Multiplikationen selber aus und prägte sie sich von neuem ein. Jetzt geht sein Interesse an Zahlen, abgesehen von so praktischen Belangen wie Haushaltsgeld und Kontoständen, eher ins Mystische. Er fragt sich, warum in seinem Leben die 80er- und 800er-Zahlen eine bevorzugte Rolle spielen. Als Kind war seine Hausnummer 840; seine High School lag in der Vierundachtzigsten Straße, an der Sechsundachtzigsten mußte er aus der U-Bahn aussteigen, um seine erste feste Freundin zu besuchen; und wenn die Industriewerte des Dow Jones sich um die achthundert einpendeln, hat er das Bedürfnis, zu kaufen oder zu verkaufen. Er wird sich einen elektronischen Taschenrechner zulegen und in Streßphasen darauf herumspielen. Die Leichtigkeit, mit der die Maschine im Rahmen ihrer Möglichkeiten arithmetische Aufgaben löst, wird ähnlich beruhigend auf ihn wirken wie, in jüngeren Jahren, das Zuschauen beim Sport. Eines Tages, während er den Rechner beliebig Wurzeln ziehen läßt und sie dann wieder mit sich selbst multipliziert, um die Ungenauigkeit dezimaler Annäherung zu bestimmen, wird ihm klar werden, daß er von Kindheit an unbewußt dachte, daß er Mathematiker werden könnte beziehungsweise hätte werden können, jetzt aber merkt er, daß er dazu nicht in der Lage gewesen wäre. Das wird eine Erleichterung für ihn sein. Und mit sechzig wird er sich fragen, ob diese besondere Rolle der 80er-Zahlen bis zu seinem Lebensende andauern wird.

Während seiner Kindheit lebte seine Tante Mae gelegentlich bei ihnen. Sie war das älteste Kind in der Familie seiner Mutter, seine Mutter das jüngste. Seine Freunde sagten, Mae gleiche eher einer Großmutter als einer Tante. Sie war dünn, hatte aschblondes Haar, feingeschnittene Züge und einen verdrießlichen Blick. Sie widmete ihm mehr Aufmerksamkeit als seinem Bruder, und an Samstagnachmittagen durfte er sich wünschen, wohin sie mit ihm ging. Sie hatte schon viele Jobs gehabt und war stolz darauf, in den exklusiven Strandhotels von New Jersey gearbeitet zu haben; er wußte allerdings nicht, in welcher Funktion. Als sie bei seiner Familie lebte, verdiente sie ihren Lebensunterhalt mit dem Adressieren von Kuverts. Sie hatte eine schöne Handschrift und pflegte mit einem Stapel Kuverts und einer Adressenliste an einem Tisch nahe dem Fenster zu sitzen und ohne Anzeichen von Ermüdung oder Unmut stundenlang zu arbeiten. Die Kappe ihres Füllers hatte eine goldene Spange, und sie trug beim Schreiben einen durchlöcherten Fingerling aus rotem Gummi am Zeigefinger. Niemand anderer durfte ihren Füller benutzen: «Das ist schlecht für die Feder.» Sie war mit einem texanischen Witwer verheiratet gewesen, der als Hotelmanager und Flußkapitän gearbeitet und sich schließlich auf einer Orangenplantage in Florida niedergelassen hatte. Nachdem die Ehe in die Brüche gegangen war, behielt sie den Namen des Mannes und erzählte manchmal verklärende Anekdoten über ihn: Seinerzeit in Florida entdeckte sie eines Tages eine Tarantel auf dem

9

Tisch, die eben «zum Sprung ansetzte», und rief ihren Mann. Er sagte, sie solle sich nicht rühren, kam mit einem nassen Handtuch und schlug das Ding tot. Er fragte sie, warum sie sich von ihm getrennt habe. Weil er immer eine geladene Pistole auf dem Nachttisch liegen hatte, sagte sie. Er stellte seiner Mutter dieselbe Frage über seine Tante, und sie sagte, Mae sei gerne gereist und habe sich in den Hotels und auf dem Flußdampfer wohlgefühlt, nicht aber auf der Orangenplantage. Als er größer wurde, konnte er allein dorthin gehen, wo er früher mit Mae hingegangen war, aber sie standen sich weiterhin nahe. Sie unterstützte ihn in seinen Ansichten, selbst wenn sie sie, wie er manchmal vermutete, nicht verstand oder wenn sie denen seines Vaters und Bruders widersprachen (allerdings nur, wenn die beiden nicht anwesend waren). Sie antwortete bereitwillig auf Fragen, und da sie viel herumgekommen war, wußte sie eine Menge. Dennoch zweifelte er an manchem, was sie erzählte; so behauptete sie zum Beispiel, daß Blinddarmentzündung durch verschluckte Apfelkerne verursacht werde; Nahrungsmittel, die man lange kochen müsse, wie etwa Karamelbonbons, kaufe man wegen der Kosten fürs Gas billiger im Laden, und ab einem bestimmten Alter dürfe man nicht mehr barfuß im Sand gehen, denn die Sandkörner würden durch die Poren in den Blutkreislauf gelangen. Mae beanspruchte kaum Platz und hatte wenige Besitztümer. Sie besaß nur ein einziges Buch, *Der große Ratgeber für die Hausfrau* (von F. E. Brown, erschienen 1910), mit 1001 guten Tips dazu, wie man Hüte steifer und Korsette weicher machte, wie man unechten Brandy herstellte und Krebs heilte (dafür gab es fünf Methoden, von denen zwei als «sicher» galten). Sie überließ ihm

10

das Buch jeweils für kurze Zeit, wurde aber nervös, wenn sie es länger aus den Augen verlor. Kurz vor seiner Heirat erzählte er Mae und seiner Mutter, daß seine Verlobte darauf bestanden habe, daß er zur Beichte ginge, damit er beim Hochzeitsgottesdienst das Abendmahl empfangen könne, und er habe sie angelogen und behauptet, gebeichtet zu haben. Er fand das witzig, doch Mae beschuldigte ihn mit ungewohnt lauter Stimme, er sei unverschämt und hinterhältig – «und das warst du schon immer, schon als Kleinkind», fügte sie hinzu. Er und seine Mutter waren völlig verblüfft; sie hatten immer angenommen, daß Mae ihn mochte. Daraufhin kühlte das Verhältnis ab, obgleich seine Mutter ihm mitteilte, daß Mae ihre Äußerung bedauere. Als sein Vater starb, war er froh, daß Mae sich um seine Mutter kümmerte. Als sie über achtzig war, rollte Mae sich eines Tages auf einem Sofa seiner Mutter zusammen und rührte sich nicht mehr. Sie wollte keinen Arzt, aß wenig, entleerte sich kaum noch und nahm ab. Er brachte sie ins Krankenhaus in der Hoffnung, daß man sie nach gründlicher Untersuchung in ein Heim einweisen würde. Im Krankenhaus stellte sich heraus, daß sie bald sterben würde. Sie war so hinfällig, daß niemand mehr herausfinden wollte, was ihr wirklich fehlte, abgesehen von jener «tastbaren Masse im Unterleib». Eine Schwester versicherte seiner Mutter, daß sie «nicht leiden müsse», was ihm eine Vorstellung davon gab, wie schlimm Sterben auch sein konnte. Außer ihm, seiner Mutter und seinem Bruder kam niemand zur Beisetzung. Daraufhin wird er seine Mutter, die dann die letzte Hinterbliebene ihrer Familie ist, nach der Vergangenheit befragen, und sie wird immer wieder sagen: «Mae hätte das gewußt.» «Man glaubt es kaum», wird sie ihm erzählen, «aber Mae war eine ausgesprochen attraktive junge Frau. Viele Männer haben sich für sie interessiert.» Er wird begreifen, daß seine Mutter sich für die Glücklichere von beiden hält, weil sie eine ordentliche Ehe und Kinder hatte. Gegen Ende ihres Lebens wird sie sagen: «Ich bin froh, daß Mae zuerst gegangen ist und nicht allein bleiben mußte.» Daraus wird er schließen, daß sie weiß, daß weder er noch sein Bruder sich um Mae gekümmert hätten. «Sie hat mir immer leid getan», wird sie sagen, «sie war die Älteste und hat es am schwersten gehabt.» «Und du warst die Jüngste und hattest es am besten?» wird er dann sagen, und sie wird lächelnd nicken.

Seine acht Jahre an der St. Ursula's Grammar School fielen in die Zeit der Depression. Familien konnten es sich nicht leisten, von einem Viertel ins andere zu ziehen, so daß die Zusammensetzung der Klasse konstant blieb. Die erste Klasse wurde von Miss Thoma unterrichtet, die hübsch und jung war und ihm sagte, er komme jeden Morgen mit einem Lächeln in die Schule. Die zweite Klasse wurde von Miss King unterrichtet, deren Brüste einmal aus dem Büstenhalter rutschten, als sie sich nach einem Stück Kreide bückte; sie drehte sich zur Tafel und schob sie wieder hinein. Die dritte Klasse wurde von Schwester Noelita unterrichtet, die alle mochten – Jungen und Mädchen, Gescheite und Dumme, Brave und Freche. Eines Tages brachte sie ihren Zwillingsbruder mit in die Schule, der Späße machte und Gitarre spielte. Die Klasse bat, sie solle ihn noch einmal mitbringen. Sie sagte zu, doch er kam nie. Die vierte Klasse wurde von Mutter Ecclesiastica unterrichtet, der ältesten Nonne der Schule. Sie hatte braune, runzlige Haut, und einmal schlug sie ihn und einen anderen Jungen mit der neunschwänzigen Katze. Zuvor hatten sie ihre Strümpfe hinunterrollen müssen, damit die Waden unterhalb der Kniehosen nackt waren. Am nächsten Tag ging seine Mutter mit ihm in die Schule, um sich beim Rektor zu beschweren. Von da an gab es keine Schläge mehr, nicht einmal mit dem Lineal. In der fünften Klasse hatten sie wieder Schwester Noelita; alle fanden, das sei ein großes Glück. Im Jahr darauf verließ sie den Orden, gerade noch vor dem endgültigen Gelübde. Einer seiner Klassenkameraden behauptete, er

werde sie eines Tages heiraten. In der sechsten Klasse
wurden Jungen und Mädchen, die bisher gemeinsam gelernt hatten, getrennt. Die Jungen wurden von Schwester
Barnabas unterrichtet, einer großen, gutaussehenden
Frau, die ihnen sagte, daß sie Mädchenklassen lieber
mochte. Die siebte Klasse wurde von Schwester Clement
unterrichtet, einer freundlichen, einfühlsamen Frau. Er
und einige andere versuchten, ihr durch den Gitterrost
unter die Röcke zu schauen, wenn sie vom Treppenabsatz
des Hintereingangs aus Pausenaufsicht führte. Schwester
Clement gab ihm die Biographie eines katholischen Jugendlichen, der seit zwanzig Jahren tot war, seliggespro-
chen, aber kein Heiliger. Sie sagte, er habe Ähnlichkeit
mit diesem Jungen. Er las das Buch nicht; die ganze Sache
gab ihm das Gefühl, ein Schwindler zu sein. Die achte
Klasse wurde von Schwester Immaculata unterrichtet, die
überzeugt war, daß alle modernen Erfindungen und Ent-
deckungen, abgesehen von der Medizin, von Übel seien.
So verstärkten angeblich die Radiowellen den Straßen-
lärm und störten damit den Unterricht. Auch behauptete
sie, die Böden der Klassenzimmer würden von Jahr zu
Jahr härter. Sie erzählte, daß ihr Onkel, der zu Geld gekommen war, eine Kräutermedizin gegen Krebs entwickelt, das Geheimnis aber mit ins Grab genommen
habe. «Möge Gott ihm vergeben», sagte sie. Prompt
fragte daraufhin ein Junge, ob die Weigerung des Onkels,
seine Entdeckung der Menschheit zugute kommen zu
lassen, eine Todsünde sei. Mit Tränen in den Augen antwortete sie, es sei nicht an ihr, das zu beurteilen. Ein mit
Schwester Immaculata befreundetes Ehepaar bat sie, deren Sohn in ihre Klasse aufzunehmen. Der Junge war bereits von einer Reihe von Schulen geflogen. Sie erklärte
der Klasse, daß dieser Junge aus einem reichen Elternhaus

14

komme und sehr verwöhnt sei. Er hielt sich für etwas Besseres. Die Klasse schloß sich gegen ihn zusammen, und nach drei Monaten wurde er vor das Klassengericht gestellt. Schwester Immaculata bestimmte einen Staatsanwalt, einen Verteidiger und die Geschworenen; sie selbst war die Richterin. Nach zweitägiger Verhandlung wurde der Junge für schuldig befunden, eine Petze und ein Feigling zu sein und Schwächere zu schikanieren. Bei der Urteilsverkündung sagte Schwester Immaculata, daß die Verhandlung Strafe genug gewesen sei, daß man ihm damit eine Lektion erteilt habe und daß sie hoffe, er werde sich jetzt bessern. Der Organist war ein zerbrechlich wirkender, grauhaariger Mann mit bedächtigem Gang; von ihm hieß es, er sei früher fromm gewesen. Er und seine Frau hatten einen behinderten Sohn, der sabberte und über die eigenen Füße fiel. Schwester Immaculata vertraute der Klasse an, daß dieser Sohn möglicherweise die Strafe Gottes für die Sünden eines oder beider Elternteile sei. Gelegentlich fährt er an der Schule und der Kirche vorbei, jedesmal bei Nacht. Wie so viele Meilensteine seiner Kindheit scheinen auch sie kleiner geworden zu sein. In dem einst vorwiegend deutschen und irischen Viertel wohnen jetzt Schwarze. Wie es der Zufall will, ist einer der Älteren aus der Gruppe seiner Ferienfreunde Pastor geworden. Er hört von Freunden, daß dieser Geistliche darüber verbittert ist, in eine arme Gemeinde versetzt worden zu sein. Der Süßigkeitenladen und die Autowerkstatt, die früher für die jüdische Mittelklasse der Umgebung arbeitete, sind noch da. In ein paar Jahren wird er, einem spontanen Impuls folgend, eine Anzeige in die Zeitung setzen, um ein Klassentreffen zu organisieren. Drei Mitschüler, alles Männer, werden sich in einem Restaurant in der Innenstadt einfinden – ein Polizeioberkommissar, der Geschäftsführer eines Haushaltswarengeschäfts und ein arbeitsloser ehemaliger Boxer und Bühnenarbeiter. Er wird erfahren, daß der Klassenbeste, ein leitender Angestellter in einem Ingenieurbüro in Maryland, bereits gestorben ist und daß jene, die als Zweitund Drittbeste abgeschlossen haben, ebenfalls tot sind. Er wird sich fragen, ob das eine tiefere Bedeutung hat, denn er war der Viertbeste.

Seine Mutter war praktizierende Katholikin, sein Vater Protestant, aber bloß auf dem Papier; er wurde also katholisch erzogen, und über Religion wurde nicht gesprochen. Seine Mutter brachte ihm Gebete bei, doch es blieb beim Ritual. Die Welt schien ohne Gottes Eingreifen zu funktionieren, und obwohl er nicht von Gott abhängig war, rief er ihn gelegentlich an, wenn er Ärger und Unannehmlichkeiten vermeiden wollte. Hatte er zum Beispiel beim Zubettgehen das Gefühl, ihm könne während der Nacht übel werden, so bat er Gott, das von ihm abzuwenden. Oder er brachte seine Mutter dazu, ihm für den Fall, daß das einträte, zehn Cents zu versprechen. Beide Vorkehrungen erleichterten ihm das Einschlafen. Er hatte keine Probleme mit der Vorstellung eines Gottes, bis er in die Schule kam und die Nonnen Fragen zum Dogma aufbrachten, so als wollten sie sie beantworten, bevor die Schüler sie selbst stellten. Wenn Gott alles weiß, sagte eine der Nonnen, weiß er dann auch, was wir tun werden? Die Schüler sagten ja. Wie können wir dann einen freien Willen haben, sagte die Nonne. Wenn Gott doch schon im voraus weiß, was wir tun, dann ist es uns ja gar nicht möglich, anders zu handeln. Niemand konnte diese Frage beantworten, und ihm erschien die Erklärung der Nonne wie ein Zaubertrick: Er wußte, daß es eine Täuschung war, konnte sie aber nicht durchschauen. Wie kommt es, fragte die Nonne, daß Gott durch und durch gütig ist und trotzdem so viel Übel in der Welt existiert? Die Antwort, daß der Mensch dieses Übel selbst über sich bringe, indem er falschen Gebrauch von seinem freien Willen mache, war unbefriedigend. Warum gab Gott den Menschen einen freien Willen, wenn er genau wußte, daß sie nicht damit umgehen konnten, fragte er die Nonne und fügte noch hinzu, daß *er* das nicht getan hätte. Du bist eben nicht Gott, hatte die Nonne erwidert, als ob das die Sache erklärt hätte. Er dachte sich weitere Fragen für sie aus: Zwei Kinder werden in die Kirche gebracht, um getauft zu werden. Eines von ihnen stirbt auf dem Weg dorthin, das andere auf dem Rückweg. Das zweite kommt in den Himmel, das erste nicht. Wie konnte ein gerechter Gott die Dinge so einrichten? Wenn er sie so in die Enge trieb, redeten sich die Nonnen auf ein Mysterium hinaus. Eine von ihnen sprach es *Mystère* aus und erklärte, das sei Französisch und man verstehe darunter bestimmte zutiefst wunderbare Bereiche der Theologie. Er und die anderen Schüler mußten viele Stunden in der Kirche verbringen. Der Gottesdienst langweilte ihn, ebenso die Gebete und Lieder. Zur Unterhaltung studierte er die Profile, Halbprofile und Hinterköpfe der Mädchen, die alle auf der anderen Seite des Ganges saßen. Durch ausdauerndes Üben während der Messe brachte er sich bei, die Finger der rechten Hand in wechselnden Zweiergruppen zu spreizen, dann steigerte er den Schwierigkeitsgrad, indem er sie nach dem Schema eins-zwei-eins spreizte, schließlich schaffte er es auch mit der linken Hand, und am Ende konnten beide Hände sogar parallel unterschiedliche Fingergruppen abspreizen. Keiner seiner Freunde konnte dieses Kunststück nachmachen. Auf dem schwarzen Ledereinband seines Gesangbuchs war in Goldlettern GOD'S CHILD eingeprägt. Das D von CHILD war teilweise abgeschabt, und manchmal stellte er sich vor, es hätte ein L statt einem D dort gestanden. Das bedeutete, daß Gott Angst vor ihm hatte und daß er ein gefährlicher Rächer aus dem Orden des Luzifer war. Die Nonnen verdammten die Sünde, indem sie darauf hinwiesen, daß sie dem Naturgesetz zuwiderlaufe und damit von sich aus schlecht sei. Ein noch gewichtigerer Grund, sie nicht zu begehen, sei jedoch, daß man Gott damit Leid zufüge. Es fiel ihm schwer, das zu verstehen, denn wenn Gott allmächtig, allwissend und so weiter war, dann konnte man auch annehmen, daß er glücklich war; zumindest sollte er es sein. Wenn *er* Gott wäre, überlegte er, dann würde er die Menschen entweder tugendhaft machen oder sich nicht um ihre Sünden scheren. Auch in der High School brachte er derartige Einwände vor, so daß einer der Jesuitenpater vorschlug, sie sollten sich zweimal wöchentlich zu Disputen über Fragen des Glaubens und der Moral treffen. Nachdem sie sich vier Monate lang regelmäßig getroffen hatten, fand er ein Argument gegen den Glauben, dem der Priester nichts entgegenzusetzen hatte: Man war sich einig, daß man eine Todsünde nur dann begehen konnte, wenn man auch an die Todsünde glaubte. Wenn also Gott so unter den Sünden seiner Geschöpfe litt, dann ließ er ihn in dieser Hinsicht weniger leiden als die meisten Gläubigen, der Priester solle also besser nicht versuchen, ihn umzustimmen. Daraufhin stellte der Priester die Disputationsstunden ein, bat ihn aber, auch weiterhin täglich ein Ave-Maria zu beten, denn dann würde er «die Gnade erlangen». Er versprach es, tat aber nichts dergleichen. Zu Beginn seiner Ehe wollte er seiner Frau die Existenz Gottes ausreden. Keiner überzeugte den anderen. Schließlich schloß sie sich seiner Meinung an, doch da waren ihm ihre religiösen Überzeugungen bereits gleichgültig. Als er um die Dreißig war und meinte, sterben zu müssen, wandte er sich an Jesus: Ich brauche deine Hilfe, sagte er, aber ich möchte nichts mit Priestern zu schaffen haben; du und ich, wir kennen sie schließlich zur Genüge. Jetzt fragt er sich, ob er in Todesangst wieder beten würde; er hofft, daß er es tun wird, denn es wäre ein Trost. Politiker, die sich als religiös bezeichnen, sind ihm sympathisch, denn er ist zu der Überzeugung gelangt, daß in einer Zeit des Glaubens die einschneidenden Exzesse dieses Jahrhunderts nicht begangen worden wären. Er wird in einer Bar mit einem Freund trinken, der ihm schon viel aus seinem Privatleben anvertraut hat. Aus einer Laune heraus wird er diesen Freund fragen, ob er an die Göttlichkeit Jesu glaubt. Der Freund wird sagen: «Ich kenne dich nicht gut genug, um dir diese Frage zu beantworten.» Daraus wird er schließen, daß sein Freund daran glaubt. Während um ihn herum Menschen sterben, fällt ihm auf, daß Nonnen die besten Pflegekräfte sind.

Als er zwei Jahre alt war, zogen sie in einen neuen Wohnblock. Er mochte die neue Wohnung, wollte die alte aber nur ungern verlassen. Der neue Block hatte zwölf Eingänge, die alle auf einen Park hinausgingen. In der Mitte des Parks lag, unter einer geschwungenen Brücke, ein Teich. Im Sommer schwammen Goldfische darin, im Winter wurde das Wasser abgelassen. Er und seine Freunde fragten sich, wo die Goldfische im Winter waren. Auf der anderen Straßenseite, gegenüber der Vorderfront, lag nach Westen hin das Pfadfinderheim, ein kleines Holzhaus, das, von einem großen Baum überragt, auf einer Anhöhe stand. Im Süden lag ein großes Gebäude aus gelbem Backstein, in dem die Chemiker einer Hefefabrik ihre Experimente durchführten, daneben gab es ein Brachgrundstück, auf dem die Jungen je nach Jahreszeit Baseball und Football spielten, Schlitten fuhren oder Feuer machten. Hinter dem Park erstreckte sich nach Osten das Gelände des Rangierbahnhofs, und im Norden schloß sich ein felsiges Plateau an. Dort wuchs hohes Riedgras, dessen Halme man ausreißen und als Speere benutzen konnte, und es gab trockene Erdklumpen, die zu einer Staubwolke zerbarsten, wenn man jemanden damit bewarf oder sie einfach fallenließ. Das Fenster seines Zimmers ging auf den Spielplatz für die Kleinen hinaus, der aus einer großen Sandgrube bestand. Im schattigen Teil blieb der Sand immer feucht; dort bauten er und seine Freunde Pisten für Spielzeugautos. Wenn er zur Strafe oder wegen einer Krankheit nicht hinaus durfte, unterhielt er sich vom

Fenster aus mit seinen Freunden. Ab zehn durfte man den Spielplatz auf der anderen Seite des Gebäudes benutzen. Er bestand aus Beton und Backsteinen und war gut für Handball, Schlagball, Besenstiel-Hockey oder Fangen. Die Schaufenster von einem der Läden auf der Rückseite des Gebäudes waren bis in Augenhöhe dunkelgrün gestrichen. Es war ein Männerclub, wo die Anwohner Billard und Karten spielten. Man mußte einundzwanzig sein, um Mitglied werden zu können. Sein Vater ging einmal die Woche zum Kartenspielen hin und erzählte der Mutter am folgenden Abend beim Essen, wie das Spiel verlaufen war. Der Wohnblock hatte viele Keller. Dort wurden Möbel, Räder und Schlitten abgestellt und stumme Diener, Boiler und Kohlen gelagert. Im Lauf der Jahre hatten er und seine Freunde sich Schlüssel zu den Kellern verschafft und erkundeten sie bis auf den tiefsten, der bis weit unter den Park reichte. Um nicht von Fred, dem hohlwangigen deutschen Hausmeister, entdeckt zu werden, zündeten sie zunächst keine Streichhölzer an, sondern tasteten sich an den rauhen Mauern entlang. Erst als sie nicht mehr weiterkamen, wurde eines angezündet. Hunderte von Wasserkäfern, groß wie Spielzeuge, flitzten über den schwarzen Boden. In ihrer panischen Flucht schürften und stießen sich die Jungen und gingen nie wieder dort hinunter. Als er sieben war, bezog seine Familie eine größere Wohnung im selben Block, damit er und sein Bruder jeder ein eigenes Zimmer bekamen. Es gefiel ihm nicht, daß er nun allein schlafen mußte und keine Aussicht mehr auf den Spielplatz hatte. Das Fenster des neuen Zimmers ging auf den Rangierbahnhof, und nachts huschten die Lichter der Weichen über die Decke. Als er dreizehn war, zog seine Familie wieder um, und zwar in ein

22

Gebäude vier Straßen weiter. Jeden Sonntag ging er zurück zu dem alten Wohnblock, um einen Freund zu besuchen, und glaubte, seine Eltern würden ihn in der Kirche vermuten. Später erzählte ihm seine Mutter, daß sie von den Besuchen bei seinem Freund wußte. Nachdem er von dort weggezogen war, wurde ihm klar, daß er nie ein Mitglied des Männerclubs werden würde. Dafür wurde er mit achtzehn eingezogen, und nachdem er die Militärzeit hinter sich gebracht hatte, empfand er keinerlei Bedürfnis mehr nach Clubs oder reiner Männergesellschaft. Zudem wurde der Clubraum während des Wirtschaftsbooms der Nachkriegsjahre an eine Reinigung vermietet. So manches änderte sich mit den Jahren. Das Pfadfinderheim brannte ab, und der Hügel, auf dem es gestanden hatte, wurde planiert. Dort errichtete man ein großes weißes Gerichtsgebäude. Die Hefefabrik zog ins Umland, und an ihrer Stelle entstand ein zehnstöckiges Apartmenthaus, das höchste der Gegend. Dasselbe passierte mit dem Felsplateau. Nur der Rangierbahnhof ist geblieben, doch es wird nicht lange dauern, bis der Luftraum über dem Gelände verkauft ist und man dort einen Dreiundzwanzigstöcker namens «Wolkenresidenz» hochziehen wird. Obgleich er zufällig und absichtlich immer wieder dorthin zurückkehren wird, wird ihm nicht auffallen, wie heruntergekommen der Wohnblock ist. Bis er an einem Herbstabend – er ist dann bereits über fünfzig – durch den Park spazieren und auf der Brücke ein Gespräch mit dem Nachtwächter anfangen wird. Im Gesicht des Gleichaltrigen wird er den kleinen Jungen entdecken und ihn fragen, ob er hier in der Gegend aufgewachsen ist. Nein, wird der Wachmann sagen, er komme aus Pennsylvania. Und, ja, das hier habe sich stark verändert. «Hier herrschen jetzt andere Sitten.» Müll in den Treppenaufgängen. Vor zwei Monaten sogar ein Mord. «Solche wie Sie kommen öfter hierher und erzählen, wie's früher war.» Ob der Wachmann die Namen dieser Leute kenne? «Nein, aber es muß hier früher schön gewesen sein. Jetzt herrschen hier andere Sitten.» Der Gartenweg, der früher mit Schieferplatten belegt war, ist ohne erkennbaren Grund zementiert worden. Das Gebäude wird noch stehen, wenn er stirbt, aber nur deshalb, weil die Umgebung inzwischen völlig heruntergekommen sein wird.

Im Frühling des Jahres 1929 kauften seine Eltern ein Sommerhaus für 1700 $. Er war fünf in jenem Sommer und verletzte sich den Fuß an einer Glasscherbe. Drei Jahre später hätten seine Eltern das Häuschen für ganze 250 $ haben oder weiterverkaufen können. Wegen der Depression stand die Hälfte der zweiunddreißig Bungalows in der Anlage während der 30er Jahre leer. Er und seine Freunde verschafften sich mit einem Dietrich oder durch zerbrochene Fensterscheiben Zutritt zu den leerstehenden Häusern. Nahezu jedes hatte sein eigenes Flair. Nummer sieben zum Beispiel war sexy, denn es ging das Gerücht, daß eines der Mädchen sich dort für einen Jungen aus der Nachbarschaft ausgezogen hatte. Nummer eins galt als verhext, weil seine Fassade schwarz abgesetzt war, und man traute sich nur bei Tageslicht hinein. Nummer dreizehn war dem Vandalismus preisgegeben, denn viele Sommer lang blieb ein Apfel, den jemand gegen die Eternitfassade geschleudert hatte, schrumplig und farblos dort kleben. Wenn er und seine Freunde das Bedürfnis hatten, etwas kaputtzumachen, dann gingen sie in dreizehn. Als der Krieg kam und das Land sich von der Depression erholte, waren die Bungalows endlich alle verkauft. Die Dreizehn war der letzte und ging an einen kinderlosen Unternehmer und seine Frau. Juden und Autos waren in der Feriensiedlung nicht zugelassen. Autos aus der Stadt mußten auf einem Parkplatz außerhalb der Siedlung abgestellt werden, und interessierten Juden erzählte man, daß sie sich hier bestimmt nicht wohl fühlen würden. Die Mehrzahl der Anwohner war katholisch und der Rest, abgesehen von ein

25

paar verkappten Juden, protestantisch. Er versuchte herauszufinden, wer jüdisch war, konnte es aber nicht mit Sicherheit sagen. Von dem Vater eines Mädchens, mit dem er einen Sommer lang ging, hieß es, er sei Jude, aber konvertiert, und er hatte tatsächlich eine gewisse Ähnlichkeit mit den Kollegen seines Vaters, die fast alle Juden waren. Schwimmen konnte man dort hervorragend, vor allem in den ersten Jahren, als sich bei Ebbe Gumpen und Sandbänke bildeten. Ein Junge brach sich das Genick, als er in einen solchen Gumpen sprang, der tiefer aussah, als er war. Manchmal holte er sich eine Schramme an der Nase, wenn er einen Kopfsprung von einer der Sandbänke machte. Einmal, noch bevor er richtig schwimmen konnte, paddelte er mit einem Schwimmreifen hinaus, dorthin, wo er nicht mehr stehen konnte, und der Reifen verlor Luft. Es war früh am Morgen, und keine der Mütter war am Strand, bloß eines der älteren Mädchen aus der Anlage. Sie schwamm hinaus und rettete ihn. In seiner Angst preßte er die Handflächen gegen ihre Brüste und merkte zum ersten Mal, daß Brüste keine Knochen haben. (Jahre später erfuhr er, daß sie Brustkrebs bekommen hatte, und fragte sich, ob es da einen Zusammenhang gab.) Sein Tag begann mit Orangensaft, den ihm seine Mutter ans Bett brachte. Dann stand er auf, wusch sich, zog sich an und aß zum Frühstück ein gekochtes Ei und gebratenen Speck, anschließend ging er für seine Mutter einkaufen. Den Rest des Tages hatte er für sich. Er traf einen oder mehrere seiner Freunde, und sie schwammen, machten Spiele oder unternahmen Abenteuer. Beispielsweise gingen sie die zwei Meilen bis zum Ende der Feriensiedlung, zum sogenannten Point, wo es Strandgut aller Art gab: die Überreste von Haien, Gewölle aus Haken, Senkblei, Seetang und Angelschnur, geäderte Quallen und exotische Muscheln. Manchmal gingen sie

26

auch zum entgegengesetzten Ende, wo ein Artillerie-Camp angrenzte. Sie schlüpften durch den Zaun und sahen sich die Kanonen an, die seit dem Weltkrieg aufs Meer hinaus zielten. Wenn er und seine Freunde erhitzt waren und vom Baden genug hatten, setzten sie sich in den Schatten eines Bungalows und machten Wortspiele. Nach dem Mittagessen mußte man die von den Müttern vorgeschriebene Zeit abwarten, bevor man wieder schwimmen durfte, und dann begann alles wieder von vorne. Einmal im Jahr gingen sie zum nahegelegenen Vergnügungspark und erweiterten ihr Repertoire um eine weitere waghalsige Fahrt. Eines der Mädchen, das neu in der Feriensiedlung war, probierte alle Fahrgeschäfte gleich beim ersten Mal durch und verdiente sich damit den Ruf besonderer Tapferkeit; im Krieg diente sie bei der Marine. Während er seinen Militärdienst machte, verkauften seine Eltern den Bungalow. Um der alten Zeiten willen fährt er gelegentlich dort hinaus. (Einmal hat er seine Kinder mitgenommen, um ihnen einen der Lieblingsplätze seiner Kindheit zu zeigen; er gefiel ihnen nicht.) Inzwischen wurde am Point eine große Mole gebaut, um die dicht am Meer gelegenen Bungalows vor Erosion zu schützen. Dadurch ist der Strand breiter geworden und fällt jetzt nicht mehr so unvermittelt ab. Das zurückweichende Wasser, das früher jeden Winter den Strand gereinigt hat, läßt jetzt den Müll des ganzen Sommers zurück. Die Leute fahren mit ihren Autos direkt zu den Bungalows, nur Juden gibt es noch immer nicht. Man beäugt ihn mißtrauisch, wenn er durch die Anlage geht. Er kennt keinen der jetzigen Bewohner, und sie halten ihn vermutlich für einen Juden. Bald wird man Betonpfeiler in den Sand rammen und Apartmenthäuser darauf errichten. Über kurz oder lang wird die nahe Stadt das Gelände zum öffentlichen Strand erklären.

Baumwolle war ihm freundlich gesonnen, Wolle nicht. Als er klein war, bestanden die Badeanzüge für Jungen aus einer Art Unterhemd mit Röckchen und waren aus Wolle. Wenn die nasse Wolle auf der Haut trocknete, fühlte sich das ziemlich unangenehm an, und er hätte sich am liebsten im Bungalow geduscht und umgezogen, doch es war üblich, nach dem Schwimmen am Strand zu bleiben. Außerdem hätte er in der Zwischenzeit womöglich einen Muschel-Wettbewerb, die Konstruktion von Sandrutschen für Bälle, ein im Schutz eines Sonnenschirms knutschendes Pärchen oder sonst etwas Aufregendes verpaßt. Im Winter waren ihm die Wollhosen lästig; und wenn beim Pinkeln etwas auf die Innenseite der Schenkel spritzte, konnten sie fast so unangenehm sein wie ein nasser wollener Badeanzug. Da er jedes Jahr nur einmal neu ausgestattet wurde, in der Regel vor Ostern, galt es darauf zu achten, daß die Sachen aus weichem Stoff waren. Manchmal ließ er sich von dem männlichen Aussehen rauherer Gewebe verführen und hatte dann entsprechend zu leiden. Eines Morgens, er war zwölf, war er beim Anziehen noch so verschlafen, daß er aus Versehen seine Hose über die Schlafanzughose zog. Den ganzen Tag lang lief er mit zwei Hosen übereinander herum und behielt dies noch jahrelang bei, wenn er Anzughosen aus kratzigem Stoff trug. Als er fünfzehn war, krempelte er einmal bei einer Party, bei der die übrigen Gäste älter waren, seine Hosenbeine bis über die Knie hoch, so daß die Schlafanzughose zum Vorschein kam. Dann stopfte er sich ein Kissen unters Jackett und hüpfte grimassierend von Zimmer zu Zimmer wie ein buckliger Irrer. Die Nummer war ein durchschlagender Erfolg, und da er die Schlafanzughose nicht weiter kommentierte, galt er von da an als liebenswerter Spinner und gewann die Anerkennung der Gruppe. Etwas Ähnliches passierte beim Militär. Zur Winteruniform gehörte ein kratziges Wollhemd, vor dem ihn das Unterhemd nur unzureichend schützte. Aus lauter Verzweiflung schnitt er von einem sommerlichen Baumwollhemd Kragen und Manschetten ab und trug es unter dem Wollhemd. Das amüsierte die anderen Soldaten, und die Belustigung machte es leichter für ihn, die Abneigung, die er ihnen gegenüber hegte, zu verbergen. Nach dem Krieg trug sein Vater nur noch bügelfreie Hemden und vermachte ihm fünfzig weiße Baumwollhemden samt Manschettenknöpfen und abnehmbaren Kragen. Eine Zeitlang machte ihm das Ritual mit den Manschettenknöpfen und Kragen Spaß, und manchmal knöpfte er den Kragen verkehrt herum ein, so daß er wie ein Geistlicher aussah. Doch eines Morgens auf dem Weg zur Arbeit machte sich ein Kragen selbständig; das war ihm schon öfter passiert. Er ging daraufhin in ein Herrengeschäft, kaufte ein bügelfreies Hemd und zog sich im Büro um. Noch am selben Abend warf er alle Hemden und Kragen seines Vaters, ob schmutzig oder ungetragen, weg. Als am darauffolgenden Samstag seine Wäsche aus der Wäscherei kam, warf er auch noch die restlichen Hemden weg. Die Manschettenknöpfe warf er aus dem Fenster, obwohl sie aus vierzehnkarätigem Gold waren. Jeden Abend wusch er das bügelfreie Hemd und zog es am nächsten Tag wieder an. Mit der Zeit vergilbte es. Er warf es weg und bestellte zwei Dutzend Baumwollhemden mit Buttondown-Kragen. Sein liebstes Kleidungsstück war ein

29

kariertes Sportsakko, das er im Ausverkauf für neunzehn Dollar im Universitätsshop eines modischen Herrenausstatters erstanden hatte. Eines Tages sprach ihn ein elegant gekleideter Herr auf der Straße an und fragte, wo er das Sakko gekauft habe. Hinterher fragte er sich, ob der Mann schwul war. Er trug dieses Sakko zwölf Jahre lang, bis es an den Armlöchern brüchig wurde. Während die Moden wechseln, legt er wachsenden Wert auf altmodische Schuhe mit Lochmuster an den Kappen, die er im Ausverkauf in einem teuren englischen Schuhgeschäft kauft. Schuhmacher loben ihre Qualität, wenn er sie zum Reparieren bringt. Er trägt schwarze verstärkte Nylonsocken, die anscheinend ewig halten, mit der Zeit aber steif werden. Er wird sich einen doppelreihigen Nadelstreifenanzug zulegen, der ihm viele Komplimente einbringen wird. Man wird ihm sagen, daß ihm Zweireiher besonders gut stehen, aber über kurz oder lang wird er zunehmen und zu Einreihern und sogar zu Hosen mit Bügelfalten zurückkehren. Anläßlich eines Geburtstags nahe der Sechzig wird er sich selbst das Geschenk machen, alle seine Krawatten durch neue zu ersetzen. Er wird seiner älteren Tochter davon erzählen, und sie wird beleidigt sein, denn sie hat ihm erst vor einem Monat eine Krawatte geschenkt, die er ebenfalls ausrangiert hat. Jenseits der Fünfzig wird er im Bett wieder Schlafanzüge tragen – beim Militär hatte er sich das abgewöhnt –, und er wird sie als tröstlich empfinden, da sie ihn an seine Kindheit erinnern. Sobald sein Haar sich zu lichten beginnt, wird er sich nach einem passenden Hut umsehen, und zwar nicht, um den Kopf zu wärmen, sondern damit die längeren Haare an ihrem Platz bleiben. Er wird aber kein geeignetes Modell finden. Jenseits der Sechzig wird er dazu übergehen, immer gleich zwei

Paar Schuhe zu kaufen. Sein Vater hatte dasselbe getan, als er sechzig wurde; es ist eine Maßnahme gegen den Tod. Anzüge wird er sich weiterhin einzeln anschaffen. Nur einmal wird er sich einen sportlichen Fischgrät-Anzug («Je älter der Vogel, desto schillernder die Federn», wird er zu dem Verkäufer sagen) und einen dunkelblauen gleichzeitig kaufen.

An einem Spätnachmittag, niemand sonst war da, ging er ins Meer. Ein Mädchen in seinem Alter, das er nicht kannte, tauchte am Strand auf und kam zu ihm ins Wasser. Sie streifte ihren Badeanzug bis zur Taille ab und sagte, sie würde ihn ganz ausziehen, wenn er dasselbe täte. Dabei wirkte sie ärgerlich und spöttisch; er fragte sich, ob sie ganz normal sei. Er starrte auf ihre Brüste und hoffte, sie würden sich mit den leichten Wellen heben und senken, doch dafür waren sie zu flach. Er hätte gern ihr Geschlecht gesehen, doch der Gedanke war zuviel für ihn. Er ging zurück zum Bungalow. Den ganzen Sommer, und auch noch im folgenden, hielt er überall nach dem Mädchen Ausschau, am Strand, im Wasser, in der Kirche und auf seinen nächtlichen Streifzügen, doch er sah sie nicht wieder. War sie nur einmal zu Besuch hier gewesen? War das der Grund für ihre Kühnheit? Als er vierzehn war, lud ihn eine Pfarrerstochter zum Abendessen nach Hause ein; er hatte sie vor kurzem auf eine Party mitgenommen, weil ein Freund ihm gesagt hatte, Pfarrerstöchter seien besonders wild. Nach dem Essen gingen der Pfarrer und seine Frau weg. Die Tochter setzte ihn auf die Couch und las ihm aus einem Biologiebuch für Kinder die Passage: «Wonderful Mr. Penis» vor: Wie der Penis, der normalerweise weich und klein und für die Entsorgung flüssigen Abfalls zuständig war, sich zu gewissen Zeiten mit Blut vollpumpte und in die Vagina eingeführt werden konnte, wo er Spermien verteilte, die die Eizelle befruchteten. Während sie las, wurde ihm klar, daß ihr an

32

einer Demonstration von Teilen dieses Textes gelegen war; auch er war nicht abgeneigt, doch er starrte nur in seinen Schoß, sagte kaum etwas und verabschiedete sich, sobald der Pfarrer und seine Frau zurückkamen. Bei einem Tanzabend seiner Schule, zu dem eine Gruppe katholischer Mädchen eingeladen war, beobachtete er den ganzen Abend eines der Mädchen. Als die Party zu Ende war, folgte er ihr ins Foyer, stellte sich ihr vor und lud sie zu einer anderen Tanzveranstaltung in vier Wochen ein. Sie trug einen Reithut, schien amüsiert, sagte zu und gab ihm ihre Nummer. Am nächsten Tag erfuhr er von einem Klassenkameraden, daß ihr Vater Architekt sei und die Familie eine Stunde außerhalb der Stadt wohne. Er stellte sich vor, wie schwierig es werden würde, sie abzuholen und heimzubringen, und rief sie daher nicht mehr an. (Jahre später, als seine Ehe in die Brüche ging, erinnerte er sich an sie und fragte sich, wie er wohl mit gebildeten Schwiegereltern zurecht gekommen wäre; ob sie ihm geholfen hätten, die Mischung aus Unterwürfigkeit und Verachtung zu überwinden, die er Älteren gegenüber empfand.) In seinem ersten College-Jahr rief er noch einmal die Pfarrerstochter an; er hatte gehört, daß sie Kurse in der Schauspielabteilung belegt hatte. Wußte sie noch, wer er war? Ja, sie erinnerte sich. Hätte sie Lust, mit ihm auszugehen? Ja, doch, obwohl sie, wie sie sagte, genau wisse, warum er sie einlade. Er versetzte sie. Die Land- und Seestreitkräfte hatten jeweils eigene Angebote für College-Studenten: Beim Heer entging man, wenn man sich freiwillig meldete, der allgemeinen Einberufung und konnte mit seiner Clique zusammenbleiben; die Marine schickte einen auf die Schule für Seeoffiziersanwärter, und man erhielt nach bestandener Prüfung den Rang eines Fähnrichs zur See; wenn man durchfiel, war man Matrose. Er und seine Freunde meldeten sich zum Heer; hätte sich einer für die Marine gemeldet, dann hätte die Gruppe ihn ausgeschlossen. «Du mußt dir überlegen, was dir wichtig ist», erläuterte einer, den die Gruppe fallengelassen hatte, weil er für die College-Zeitung schrieb. Nach zwei Jahren Militärdienst wurde er in einem Marinehafen stationiert. Die Marineoffiziere waren offenbar noch besser dran als die Zivilisten: Sie würden den Krieg überleben und trotzdem Helden sein. Sein Zahnarzt, der eine Praxis im 33. Stock eines zentral gelegenen Geschäftshauses hatte, stellte eines Tages die Lehne des Behandlungsstuhls hoch, deutete auf einen Zwanzigstöcker gegenüber und sagte: «Während der Depression hätte ich den für meine Steuerrückzahlung haben können. Wissen Sie, was ich jetzt tue?» Er hatte den Mund voller Instrumente und zog fragend die Augenbrauen hoch, doch der Zahnarzt nickte nur. Er hört viele Klagen von Leuten, die nicht in Aktien, Land oder Musicals investiert haben. Er jedoch ist der Ansicht, daß mehr Geld ihm kein besseres Leben beschert hätte, nur seine Ehe hätte es vielleicht gerettet: Seine Frau hätte ihn dann mehr geschätzt. Sobald er nur noch einmal pro Abend mit einer Frau schlafen kann, wird er sich gelegentlich fragen, ob ihm, wenn er weniger masturbiert hätte, mehr Sex übriggeblieben wäre, so wie Munition. Im Zuge hypochondrischer Anfälle wird er bereuen, geraucht, sich geärgert, getrunken, Stadtluft geatmet zu haben. Wenn ein Buch von ihm nicht groß rauskommt, wird er sich sagen, daß er besser die Fortsetzung von einem seiner erfolgreicheren geschrieben hätte; er findet, er hätte lieber Dramatiker werden sollen («Dialoge waren immer meine starke Seite», wird er einem College-Studenten mitteilen, der eine Arbeit über ihn schreibt, «die Psychologie meiner Figuren ... na ja, das überlasse ich Ihnen») oder Dichter («In meinen mittleren Jahren war Bekenntnislyrik angesagt, das wäre vielleicht mein Ding gewesen»). Während seiner letzten Krankheit wird er besonders bedauern, nie in China oder am Kap Horn gewesen zu sein, wo es, wie er als Kind erfahren hat, die höchsten Wellen der Welt gibt.

Der Geburtstag eines seiner Freunde fiel auf den Heiligen Abend. Der Freund bekam nur einmal Geschenke; auf manchen der Karten hieß es «Alles Gute zum Geburtstag», auf anderen «Frohe Weihnachten». Er hatte im Sommer Geburtstag, und seine Mutter gab jedesmal eine Party für ihn mit Torte, Eis, besonderen Vergünstigungen und Zehncentstücken für die Gewinner der Wettspiele: Erdnüsse mit den Zehen aufheben, mit einer Kartoffel auf dem Rücken herumkriechen, Pennys in eine schwimmende Untertasse werfen. Weil er sich Spiele aussuchte, in denen er gut war, gewann er alljährlich über die Hälfte der Preise. In zwei aufeinanderfolgenden Jahren fiel sein Geburtstag auf ein Wochenende, und sein Vater nahm an den Partys teil. Er verdoppelte die Spielgewinne, und im zweiten Jahr gab er die Geschichte von der Geburtstagsparty zum besten, bei der ein Mann, der mit einer Frau auf dem Schoß an seinem Küchenfenster saß, vom Blitz erschlagen wurde. Der einzige unter seinen Freunden, der auch im Sommer Geburtstag hatte, veranstaltete ebenfalls Partys, bei denen Kuß-Spiele gemacht wurden. Diese Küsserei, die unter Ausschluß der Öffentlichkeit im Schlafzimmer stattfand, war allen furchtbar peinlich. In dem Sommer, als er dreizehn war, eröffnete er seiner Mutter, daß er keine Party wolle. In diesem und in den folgenden Jahren bekam er keine Geschenke von seinen Freunden; allerdings fand er am Morgen seines vierzehnten Geburtstags ein bunt verpacktes Päckchen voll Scheiße auf den Stufen der hinteren Veranda. Er erzählte seinen Eltern nichts davon, sie hätten sich bloß aufgeregt,

36

ebensowenig seinen Freunden, denn der Absender hätte unter ihnen sein und sich zu erkennen geben können. Er erfuhr nie, woher das Päckchen kam. Kuß-Spiele bei Partys in der Stadt machten Spaß. Einmal, als das Küssen öffentlich stattfand, hob ein Mädchen namens Evelyn jedesmal, wenn sie geküßt wurde, den Fuß wie ein Vogel. Er versuchte zu sehen, ob sie das auch bei ihm tat, es gelang ihm aber nicht. Sie roch gut, und er erkundigte sich nach ihrem Parfum; sie sagte, sie benütze keines. Falls das stimmte, war sie die einzige von Natur aus wohlriechende Person, die er kannte. Er lud sie in ein Kino ein, wo eine aufwendige Bühnenshow gezeigt wurde. Ihr gefiel die Show, ihm nicht, wohingegen er den Film gut fand und sie nicht. Mit Schrecken erfuhr er am Ende des Abends, daß sie die große Schwester des ärgsten Raufbolds seiner Grammar School war, und er ging nie wieder mit ihr aus. Als er siebzehn war, feierte einer der Jungen in der Nachbarschaft gerade seinen neunzehnten Geburtstag und sollte in der Woche darauf eingezogen werden. Die Freunde des Jungen planten eine große Fete für ihn: Man konnte das Apartment eines verheirateten Onkels von einem der Freunde benutzen, besorgte große Mengen Whisky, Gin, Rum und Bier, dazu kalte Platten, Brot, Nüsse und Kartoffelchips. Nur Mädchen, die im Ruf standen, sexy zu sein, wurden eingeladen, denn Ziel des Ganzen war, den Armeeanwärter sowie alle anderen mit einer von ihnen ins Bett zu kriegen. Seines Wissen passierte nichts dergleichen, aber einer der Jungen schickte einem Freund, der nicht hatte teilnehmen können, einen Phantasiebericht, in dem von mindestens drei Nummern pro Mann mit unterschiedlichen Mädchen die Rede war. Er selbst hatte es «Joyce und Judy mit demselben Gummi besorgt, der dann in Judy riß». Die Mutter des Jungen, der den Brief bekommen hatte, fand ihn, rief die Eltern sämtlicher Jungen an, die darin erwähnt waren, und las ihnen die einschlägigen Stellen vor. Seine Mutter erzählte ihm, daß auch sie einen Anruf bekommen habe und daß diese Frau wohl nicht ganz dicht sei. Seinen zwanzigsten Geburtstag verbrachte er im Zug auf dem Weg von einem Camp im Süden zu einem anderen. Den Einundzwanzigsten feierte er im Last Chance Café, einem von Armeeangehörigen nachgebauten Western Saloon, in dem deutsche Kriegsgefangene bedienten, die ständig mit unsinnigen Bestellungen auf Trapp gehalten wurden. Als seine Kinder größer waren, wurden nur noch für sie Partys veranstaltet; er und seine Frau feierten die eigenen Geburtstage mit bescheidenen Geschenken und einem Essen im Lokal. In einem Sommer hätten er und seine Familie seinen Geburtstag völlig vergessen, wäre nicht das Telegramm eines neuen Freundes eingetroffen, dessen Ehrgeiz es war, an alle Geburtstage zu denken. Seinen ersten Roman veröffentlichte er an seinem vierzigsten Geburtstag, und zwar aus zwei Gründen: Oliver Wendell Holmes hatte ihm gesagt, wer bis vierzig seinen Namen nicht in den Türstock geritzt habe, könne das Taschenmesser getrost wieder zuklappen, und der *Ulysses* war an Joyces vierzigstem Geburtstag erschienen. Als heimliches Geschenk an sich selbst lud er seine damalige Geliebte und ihren Mann zu seiner Party ein. Die junge Frau, in die er sich später verliebte, gab eine rauschende Party zu seinem Fünfzigsten. Alle seine alten Freunde waren gekommen, einige von ihnen mittlerweile moderate Alkoholiker oder Spinner, und alle außer seinen Kindern schwadronierten von den alten Zeiten, worauf sich die junge Frau wie eine Hausangestellte vorkam: sie hat es ihn später spüren lassen. An seinem sechzigsten Geburtstag wird keines seiner

38

Kinder zugegen sein, die Jüngere wird fünftausend Kilometer entfernt sei, die andere angeblich in Philadelphia zu tun haben. Mit der Zeit wird ihm klarwerden, daß seine Geburtstage weniger als Erfüllung denn als Aufschub gesehen werden.

Er hat sich nie vorgestellt, das Kind anderer Eltern zu sein, oder auch nur, wie es wäre, andere Eltern zu haben. Nie fühlte er sich ungewollt, auch nicht wenn seine Eltern sich über ihn beklagten. Wenn er an etwas scheiterte, schrieb er das nicht seinen Eltern, sondern sich selber zu. Er war überzeugt, daß sie sein Bestes wollten: Seine Mutter würde ihr Leben für ihn geben, sein Vater würde vielleicht nicht ganz so weit gehen, aber fast so weit. Er hatte sich nie überlegt, wie es wäre, selbst Kinder zu haben. Als er heiratete, benutzte er Kondome, um seiner Frau die Verantwortung für die Verhütung abzunehmen, die sie für Sünde hielt. Nach einem Jahr machten sie es gelegentlich ohne Kondom. Bei einer solchen Gelegenheit sagte er zu seiner Frau: «Ich glaube, jetzt ist's passiert», und ein paar Wochen später wurde eine Schwangerschaft festgestellt. Er überbrachte seinen Eltern die Neuigkeit, indem er an ihrem Eßtisch sang: «*M is for the million things you gave me...*» Die ersten Ehejahre wohnten sie auf einer Insel, auf der vor allem Kriegsveteranen untergebracht waren, die ihre Schulbildung nachholten. Es gab einen stündlichen Fährdienst. Manchmal, wenn er noch im Bett lag und seine Frau mit der Tochter aufs Festland gefahren war, stellte er sich vor, wie sie mit dem Kind im Arm auf die Fähre rannte, den Sprung nicht mehr schaffte und in die Schiffsschraube stürzte. Damals arbeitete er für eine Enzyklopädie, und als man beim Buchstaben Z angekommen war, wurde er arbeitslos. Seine Eltern besuchten ihn und seine Frau; sein Vater erbot sich, ihn mit

einer wöchentlichen Zahlung zu unterstützen, bis er
etwas anderes gefunden hätte, und betonte, er tue dies
nur des Kindes wegen. Während dieser Unterredung
spielte er mit einem Tischtennisball; später sagte ihm
seine Frau, nie sei ihr etwas so peinlich gewesen. Nach
der Geburt ihres ersten Kindes bekamen er und seine
Frau nie genug Schlaf. Abends, wenn das Baby endlich
schlief, blieben sie lange auf und genossen ihre Freiheit,
wachte es dann in der Nacht auf, so waren sie abwechselnd im Einsatz. Er wechselte Windeln, wärmte das
Fläschchen, schaukelte eine halbe Stunde lang die Wiege
und summte dazu; schlief das Kind dann immer noch
nicht, ging er wieder ins Bett, und seine Frau war an der
Reihe. Beim zweiten war die Sache einfacher: entweder
weil die Kinder sich untereinander amüsierten oder weil
er und seine Frau ihre Reserven in Sachen Kinderbe-
treuung bereits erschöpft hatten. Als er eines Winter-
morgens die Kleinere – sechsjährig, pummelig und kuh-
äugig – in die Schule brachte, weinte er darüber, daß
dieses Kind keinen fähigeren Vater hatte und er selbst
auch keinen fähigeren gehabt hatte. Er rutschte auf dem
Glatteis aus und hoffte, das würde seine Tränen
erklären, falls das Kind sie bemerkte. Als seine Frau ihn
aufforderte auszuziehen, erklärte er seinen Kindern, daß
ihre Eltern nicht länger Mann und Frau seien, er aber
immer ihr Vater bleiben werde. Die Kinder sahen ihn
forschend an; er weinte während dieses Gesprächs.
Bevor er die Wohnung verließ, malte die Kleinere ihm
ein Bild, das sie selbst traurig darstellte. Er gab es seiner
Mutter, die kaum noch etwas sah; sie sagte, es sei sehr
nett, und hängte es in ihr Schlafzimmer. Solange seine
Kinder klein waren, wohnte er in billigen Apartments,
die eine Freundin als Studentenbuden bezeichnete. Als

41

seine ältere Tochter die Schule verließ und auch die jüngere bald fertig war, gestattete er sich, sich in eine Frau zu verlieben, die wesentlich jünger war als er. Gelegentlich, wenn er große Zuneigung für sie empfand, sagte er ihr, daß er ein Kind von ihr wolle, und stellte sich dann eine weitere Tochter vor, nur mit dem Vorteil eines erfahreneren Vaters und besser harmonisierender Eltern. Jetzt, wo es zwischen ihm und den jungen Frauen nicht mehr so gut läuft, stellt er sich eher einen Sohn vor, dessen Mutter ihn gegen den Vater aufhetzt und der ihm erklärt, er sei ein hoffnungsloser Fall und könne ebensogut tot sein. Manchmal sieht er sich dann sterben, während der Sohn noch jung ist. Dieser wächst dann zu einem Homosexuellen heran, wird berühmt, und die Biographen werden betonen, daß der Junge von der Mutter großzogen wurde. Wenn er sieht, wie erschöpft junge Eltern oft sind, wird er sich beglückwünschen, wenigstens in dieser Hinsicht das Richtige getan und keine zweite Familie gegründet zu haben. Wenn seine Töchter, die viele Beziehungen haben, spät heiraten und die Wahrscheinlichkeit, daß sie noch Kinder bekommen, abnimmt, wird er eine gewisse Erleichterung verspüren. Er wird sich fragen, ob sie ihre Kinderlosigkeit mit ihrer eigenen Familienerfahrung in Verbindung bringen und ob sie je verstehen werden, um wieviel wichtiger Eltern für Kinder sind als Kinder für Eltern.

Seine Mutter und sein Vater sagten ihm, daß Kinder ihre Eltern lieben. Dasselbe brachte man ihm in der Schule bei, allerdings mit dem Zusatz, daß die Liebe der Kinder zu ihren Eltern wie die Liebe der Menschen zu Gott sei. Er liebte weder Gott noch seine Eltern und war daher überzeugt, daß mit ihm etwas nicht in Ordnung sei. Die erste Liebe, die er als solche empfand, war die für gewisse Mädchen. Manche von ihnen wußten nichts davon. In der sechsten Klasse schickte er eine anonyme Liebeserklärung an ein Mädchen, dessen Vater Preisboxer war. Sie war ruhig und sanftmütig, und in Anbetracht des Berufs ihres Vaters schätzte er diese Eigenschaften um so mehr. In der siebten Klasse verliebte er sich in ein Mädchen namens Helen; er küßte sie auf Abschlußpartys, ging mit ihr zum Schlittschuhlaufen und taufte im Sommer ein Ruderboot nach ihr. Im Herbst machte sie dennoch mit ihm Schluß. Er erkannte die Liebe an der Aura der Freude, die dann alles umgab, was mit diesem speziellen Mädchen in Verbindung stand: ihre Nachbarschaft, Kleidung, Freunde, Bücher, Haustiere; einzelne Körperteile, wie die Nase oder die Fingernägel, erschienen ihm perfekt. In der High School war er ständig in das eine oder andere Mädchen verknallt, und als er vierzehn war, verliebte er sich in jene, die er acht Jahre später heiraten würde. Dieses Mädchen war zunächst passiv und zurückhaltend. Er betrachtete sie als ein unbeschriebenes Blatt, auf dem er seine Überzeugungen niederlegen konnte. Sie war ihm so allgegenwärtig, daß er manchmal, wenn er allein

43

in der Stadt unterwegs war, aus Versehen zwei Tickets löste. Als das erste Kind, eine Tochter, zur Welt kam, war er noch nicht reif für die Verantwortung der Vaterschaft, und obwohl sie ihm sehr ähnlich sah, mochte er sie nicht. Erst als sie sprechen lernte und er feststellte, daß sie ihm auch im Charakter glich, begann er, sie zu lieben. Sein zweites Kind, ebenfalls ein Mädchen, ähnelte ihm überhaupt nicht, und er ignorierte es. In seiner Ehe gab es so viele Probleme, daß er nach wenigen Jahren nicht mehr hätte sagen können, er liebe seine Frau. Er hatte eine Affäre mit einer Frau, die ebenfalls unglücklich verheiratet war. Er wußte nicht, ob er sie liebte, obwohl er es ihr viele Male versicherte, besonders wenn sie miteinander schliefen. Er hörte es gern, wenn sie ihm ihre Liebe beteuerte, fühlte jedoch nicht dieselbe Fürsorge für sie, wie er sie für seine Frau empfunden hatte. Dennoch trauerte er, als die Affäre zu Ende ging, und dachte, daß er diese Frau wohl geliebt haben mußte. Nachdem er und seine Frau geschieden waren, rief ihn seine jüngere Tochter an und fragte, ob er sie lieb habe. Sie redeten eine Stunde lang, weinten, und er versicherte ihr, daß er sie liebe. Erst da wußte er, daß es tatsächlich so war. Nach dem Tod seines Vaters hatte er einen wiederkehrenden Traum, in dem er seinen Vater vor dem Tod zu retten versuchte; manchmal gelang es ihm, manchmal nicht. Diese Träume waren so intensiv, daß ihm klar wurde, daß er wohl auch seinen Vater geliebt hatte. Als frischgebackener Junggeselle hatte er viele Affären. Die dadurch freigesetzten Emotionen erfreuten ihn; er wollte zu solchen Emotionen fähig sein, sie aber dennoch unter Kontrolle behalten. Einer Frau, die von ihm geliebt werden wollte, erklärte er: «Wenn ich dich liebe, wirst du Macht über mich haben; liebe ich dich ein bißchen, dann hast du ein bißchen Macht; liebe ich dich sehr, dann kannst du mich umbringen.» «Aber warum sollte ich dich umbringen wollen, wenn du mich doch liebst und ich dich liebe?» Er wußte keine Antwort. «Du könntest mich insgeheim lieben», sagte sie. «Vielleicht tue ich das ja», erwiderte er; aber dem war nicht so, und bald darauf endete die Beziehung. Während er von einer zur nächsten tingelte, fiel ihm auf, daß seine anfänglichen Gefühle für eine neue Frau aus denen für die vorhergehende entstanden, und dieses Wissen zerstörte den Effekt. Einmal traf er sich mit einer jungen, verheirateten Frau zu einem Geschäftsessen. Sie unterhielten sich gut, und seine Liebe kam in Schüben, so wie Blut den erregten Penis füllt. Während der folgenden Wochen rief er mehrmals am Tag bei ihr an. Er holte sie von der Arbeit ab und fuhr sie nach Hause. Abends schrieb er ihr dann lange Briefe, die er am nächsten Morgen durch einen Boten zustellen ließ. In seinem Apartment trank er, ging auf und ab, streckte die Hände zur Decke und stieß Schmerzenslaute aus. Sie verließ ihren Mann, und sie zogen zusammen. Sie ist unglücklich und sehnt sich nach ihrem früheren Leben. Sie kritisiert alles, was er macht, und alles, was er in ihren Augen darstellt. Sie wird sich in einen jungen Witwer verlieben und ihn verlassen. Danach werden seine stärksten Gefühle seinen Töchtern gelten und jungen Männern, die ihn an sein früheres Selbst erinnern.

Er war abwechselnd traurig und wütend darüber, daß sein Bruder ihn nicht mochte und nicht mit ihm spielte. Sein Bruder erfand Spottverse wie diesen: «Hier kommt Hundsgesicht, bellt, beißt und frißt!» An einem Weihnachten beschloß er, nie wieder ein Wort mit seinem Bruder zu wechseln, und hielt bis zum folgenden Weihnachten durch, wo er und sein Bruder auf Drängen der Eltern Geschenke austauschten. Gelegentlich verteidigte ihn sein Bruder gegen einen größeren Jungen, was ihn mit Stolz und Dankbarkeit erfüllte; doch normalerweise wurde er von ihm ignoriert. Er mochte die Elefanten-Comics, die sein Bruder zeichnete, und gab manchmal das Taschengeld einer ganzen Woche für einen aus. Er verzehrte sich nach allen Besitztümern seines Bruders und konnte es sich nicht verkneifen, sie ihm abzuhandeln. Sein Bruder verlangte jedesmal unverschämte Preise. Einmal kaufte sich sein Bruder einen neuen Baseball-Handschuh und verkaufte ihm den alten für drei Dollar. Als er ihn das erste Mal benutzte, bot ihm ein Junge fünf Dollar dafür. Er wollte den Handschuh eigentlich behalten, ging dann aber doch darauf ein, weil er vor seinem Bruder mit dem guten Geschäft angeben wollte. Sobald er und seine Frau sich besser kannten, hatte er keine Chance mehr. Unterlag sie bei einem Streit, so verstummte sie und äußerte weder Widerspruch noch Zustimmung. Manchmal zog sie sich ohne erkennbaren Grund in sich zurück. «Was habe ich denn getan?» fragte er sie dann. «Wenn du es nicht selber merkst, kann ich dir auch nicht helfen», entgegnete

46

sie dann. Seiner Frau gegenüber empfand er oft dieselbe wütende Atemlosigkeit, die er als Kind bei Gesprächen mit seinem Bruder und seinem Vater empfunden hatte. Nachdem er ein paar Kurzgeschichten geschrieben hatte, wurde ihm klar, daß er schreiben wollte, um sich ein für allemal zu erklären; stimmten die Leute nicht mit ihm überein, so konnten sie sich mit diesen Erklärungen auseinandersetzen, und er mußte sich nicht ständig wiederholen. Später fragte er sich, ob dieses Motiv seine literarische Produktivität einschränkte. Nachdem er jahrelang versucht hatte, seinem Chef alles recht zu machen, favorisierte dieser einen anderen für seine Nachfolge, als er in Rente ging. Die Wut darüber ließ ihn nachts aufwachen; er machte den Chef vor anderen schlecht und erfuhr später, daß die Leute sich bei Partys einen Spaß daraus machten, in seiner Anwesenheit den Namen seines Chefs zu erwähnen und dann zuzusehen, wie er sich aufregte. Die junge Frau, in die er sich verliebte, neigte zu Wutausbrüchen. Einmal vor Weihnachten, sie war damals noch verheiratet, besuchte sie ihn, um Weihnachtsplätzchen zu backen. Plötzlich schrie sie: «Du sollst nicht mir zuschauen, sondern es selber machen!» Einige Tage lang nannte er sie daraufhin Cookie-Monster; das half ihm, über den Vorfall hinwegzukommen. Eines Morgens, als sie schon zusammen wohnten, deutete er auf eine ihrer Brustwarzen, die sich ungewöhnlich deutlich unter dem Kleid abzeichnete. Sie gab ihm eine Ohrfeige, und er fühlte sich wie ein unartiges Kind. Sie hat einen Hang dazu, ihn vor ihren Freunden schlechtzumachen; so behauptet sie etwa, er sei betrunken und gehöre ins Bett, verbreitet beleidigende Anekdoten über ihn und korrigiert ihn, wenn er etwas erzählt. Er versucht, ruhig, verbindlich und unter-

47

haltsam zu bleiben, doch irgendwann im Lauf des Abends greift sie ihn unweigerlich an. Solche Situationen machen ihn nicht länger wütend; er beobachtet vielmehr die Reaktionen der Gäste und tauscht mit dem einen oder anderen ein kurzes Lächeln. Seine Mutter brüllt zur Decke hinauf: «Ruhe da oben!», dann erklärt sie, daß das Kind in der darüberliegenden Wohnung ihr von Zimmer zu Zimmer folge, um sie zu quälen. Wenn er Telefongespräche für sie erledigt und es noch einmal probiert, weil das Gegenüber nicht gleich abnimmt, schreit sie: «Das reicht! Schluß jetzt!» Er hat sie als friedfertige Person in Erinnerung und fragt sich, was diese Ausbrüche bedeuten, vielleicht ist es der angestaute Ärger der Vergangenheit. Wird er, wenn er lange genug lebt, auch solche unterdrückten Gefühle haben? Der Tod seiner Mutter wird ihn weniger mitnehmen als seinen Bruder, der sich über irgendwelche Kleinigkeiten mit dem Bestattungsunternehmer und ihm in die Haare kriegen wird. Er wird sich erinnern, wie betroffen er beim Tod seines Vaters war und in aller Öffentlichkeit den Arm seiner Frau wegschob, als sie ihn trösten wollte. Er wird erkennen, daß es leichter ist, dasjenige Elternteil zu verlieren, das einen bevorzugte, als das andere.

Er wollte tun, was die Großen taten, aber nicht sein wie sie. Er wollte nicht sein wie sein Vater, der keinerlei Spaß hatte; auch nicht wie sein Bruder, der immer für sich blieb und beim Nachdenken grunzte, oder wie die Freunde seiner Eltern, die sich nur unter Ächzen von den Stühlen erhoben; auch nicht wie die Priester mit ihren schlechten Manieren und der fleckigen Kleidung. Seine Mutter hatte schöne Haut, lachte über Witze und war nett zu seinen Freunden; es gab sogar Mütter, die noch netter waren: Aber Mütter waren Frauen. Was er wollte, war lange aufbleiben, alleine losziehen, Geld verdienen und Sachen kaufen. Er wußte, daß er all dies würde tun können, sobald er älter war; trotzdem wollte er nicht in den Kindergarten, denn seine Mutter würde ihn dort allein zurücklassen. Am ersten Tag ging seine Kindergartengruppe in den Park und sang «Frère Jacques», das gefiel ihm. «Im Herbst», sagte seine Mutter, «wenn du in eine richtige Schule kommst, kaufe ich dir einen Matrosenanzug.» Das tat sie, und dazu bekam er einen Griffelkasten mit drei gelben Bleistiften, einem Bleistiftspitzer, einem fünfzehn Zentimeter langen Holzlineal, einem Winkelmesser und einem Radiergummi mit einem weichen Ende für Bleistift und einem harten für Tinte. Er freute sich schon auf die fünfte Klasse, wo er endlich die Schuluniform, bestehend aus grauer Jacke mit steifem Kragen, grauer Hose und einer festen grauen Kappe mit glänzendem schwarzem Schild, tragen würde. Wenn er in die High School seines Bruders käme, würde er Latein und Griechisch lernen. «Latein ist schwer», sagte sein Bruder, «aber ein Kinderspiel im Vergleich zu Griechisch», und er malte ihm die griechischen Buchstaben für «das Meer, das Meer» auf. Unter den Büchern, die sein Bruder fürs College las, war auch *Die Theorie der feinen Leute* in einer kleinen grünen Ausgabe, auf deren Rücken in Gold eine nackte Frau mit einer Fackel geprägt war. Er behielt das Buch in seinem Zimmer; sein Bruder vermißte es nicht. Ein halbes Jahr vor College-Beginn hatte er das Vorlesungsverzeichnis bereits gründlich studiert und wollte sich für doppelt so viele Kurse einschreiben, wie erlaubt war. Im zweiten Jahr sehnte er sich danach, zum Militär zu kommen: Dort mußte man keine Hausarbeiten machen, würde viel draußen sein und mit Frauen schlafen können. Nach drei Tagen kam ihm das Militär gefährlich und entwürdigend vor, und er versuchte, sich innerlich zu distanzieren, damit es ihn nicht veränderte. Zum ersten Mal in seinem Leben wollte er jünger sein und sehnte sich danach, morgens von seiner Mutter mit einem Glas Orangensaft geweckt zu werden. Nachts handelten seine nichtsexuellen Träume von tatsächlich zurückliegenden persönlichen Begebenheiten. Er sagte sich, daß er sich später, falls er einmal meinen sollte, beim Militär sei es doch nicht so schlecht gewesen, an seine jetzigen Gefühle erinnern müsse, nämlich daß dies die schlimmste Zeit seines Lebens war (und er hat es nicht vergessen). Nach seiner Entlassung wollte er das College beenden, einen Beruf ergreifen und heiraten. Als seine Ehe dann zu bröckeln begann, dachte er, es würde ihn glücklich machen, wenn er von dieser feindseligen Frau loskäme und offen und ohne Schuldgefühle mit anderen Frauen ausgehen könnte. Nachdem er zu Hause ausgezogen war, lebte er in einem kleinen Apartment in einem heruntergekommenen Viertel, bügelte sich seine Sachen, die er mit Fleckenwasser gereinigt hatte, und kochte Mahlzeiten aus billigen Zutaten. Als seine Kinder fast erwachsen waren, verliebte er sich in eine junge Frau. Das anfänglich leidenschaftliche gemeinsame Liebesleben ist zu Zudringlichkeit und Entgegenkommen degeneriert. Obwohl die Beziehung sein Selbstwertgefühl, seine Potenz und das Ansehen bei seinen Freunden (die sie vor den Kopf stößt) beeinträchtigt hat, hat er Angst davor, sie zu verlieren. Wenn er sich von ihr getrennt haben wird, wird er nicht länger in die Zukunft blicken, sondern sich mit den unerfüllten Wünschen seiner Kindheit und Jugend zu verwöhnen suchen: Er wird sich ein starkes Mikroskop kaufen, mit dem er zum ersten Mal Blut und Sperma untersuchen will, wird aber bald die Lust daran verlieren, denn es scheint nicht länger wichtig, wie diese Dinge aussehen; er wird sich weiße Hirschlederschuhe mit roten Gummisohlen kaufen, über die sich seine Freunde lustig machen und die er sich in fremder Gesellschaft nicht zu tragen traut. Er wird sich Freuds gesammelte Werke anschaffen in dem Glauben, daß er diese Bände, und nur sie, einen nach dem anderen lesen und eine Erwiderung im Stile Norman O. Browns schreiben wird. Sobald seine Körperfunktionen ihn im Stich lassen, wird er das nicht aufs Alter, sondern auf die verschiedensten kleinen Unpäßlichkeiten schieben und behaupten, er werde bald wieder alleine ausgehen, für seine Freunde kochen und seine Finanzen regeln können. Seine Töchter werden dazu schweigen, und er wird eine schlaflose Nacht haben.

Wenn man ihm sagte, er solle nicht über eine bestimmte Straße gehen oder nicht mit bestimmten Freunden spielen, tat er es trotzdem. Fragte man ihn dann, ob er es getan habe, so log er. Als er alt genug war, um allein einkaufen zu gehen, nahm er sich manchmal ein paar Münzen aus dem Geldbeutel seiner Mutter oder von dem Wechselgeld, das sein Vater abends nach der Arbeit auf die Kommode legte. Er schrieb sich kleine Spickzettel in ordentlicher Schrift, um sie bei Klassenarbeiten zu benutzen; normalerweise reichte bereits das Abschreiben der Wörter, um sich ihre Schreibweise einzuprägen. Als er Geographie als Schulfach bekam, kaufte er sich ein Notizheft mit Einzelblättern, auf denen er die Karten der Länder abpauste und die wichtigsten Städte und lokalen Produkte vermerkte. Bei Tests verbarg er die Blätter zwischen seinen Beinen und benutzte sie so geschickt, daß nicht einmal seine Klassenkameraden etwas merkten. Im letzten Jahr der Grammar School spielte er auf dem Gehsteig um Geld Karten. Sein Lieblingsspiel war Banker und Broker. Alle paar Tage benutzte er ein neues Kartenspiel. Nach einer Stunde hatten sie Kratzer vom Zementboden. Abends bearbeitete er dann die Ecken der Asse und Figurenkarten noch weiter. Am nächsten Tag setzte er das Spiel ein und konnte sich aufgrund der präparierten Ecken die besseren Stapel wählen. Einmal, als er Banker war und die Bank gut gefüllt war, fragte ihn ein schwarzer Junge, ob er schnell laufen könne. Er sagte nein; darauf schnappte sich der Junge das Geld und rannte. Seine Mitspieler wunderten sich, daß er darüber lachen konnte. Nach ein paar Wochen gab er das Spiel aus Angst und Langeweile auf. In der High School konnte er Latein belegen, aber kein Griechisch. Für den Abschlußtest in Griechisch schnitt er die Seiten aus dem Textbuch – Xenophons *Anabasis* – und steckte Buch Eins in die rechte Jacken- tasche, Buch Zwei in die linke, Buch Drei in die Innen- tasche und so fort. Als der Aufsichtsführende dann bekanntgab, welcher Abschnitt übersetzt werden sollte, holte er die entsprechenden Seiten heraus und schob sie unter seinen Prüfungsbogen. Auf diese Weise schnitt er in Griechisch genauso gut ab wie in Latein. Bei einem dieser Tests sah er, daß eine Aufsicht seinen Betrug bemerkt hatte; doch er wurde nicht angezeigt; später fragte er sich, ob aus Sympathie oder Trägheit. Als er anfing, seine Frau zu betrügen, belog er sie oft, wo er gewesen sei oder hinzugehen plane. Sonst sagte er ihr immer die Wahrheit; auch was seine Meinung über sie betraf. Einmal beschuldigte sie ihn in ihrer Wut, es gäbe nichts, was er nicht sagen würde. Er wußte, daß es oft einfacher wäre zu lügen, doch er fürchtete, die Leute würden es merken. Während seiner Besuche beim Ana- lytiker entwickelte er die Theorie, daß Repression daher rührt, daß Kinder das Gefühl haben, die Erwachsenen könnten ihre Gedanken lesen. Einmal fragte ihn ein Literaturkritiker in der Gewißheit, eine positive Antwort zu erhalten, ob er nicht auch der Ansicht sei, wahre Erzähler hätten Spaß am Lügen. Er verneinte und sagte, er schreibe die Wahrheit, wann immer er könnte. Der Kritiker fragte nicht weiter, aber es war deutlich, daß er lieber an seiner Ansicht festhielt, anstatt sein Gegenüber für einen wahren Erzähler zu halten. Wenn Kollegen ihn darum baten, sagte er ihnen seine Meinung über ihr

Werk, außer er fand die Sachen ganz fürchterlich; in solchen Fällen lobte er. Kürzlich fragte ihn ein Romanautor beim Mittagessen, ob er seine eigenen Bücher für besser halte als die des Romanautors. Er antwortete, das tue er in der Tat. Dann wollte er das Urteil etwas abmildern, indem er hinzufügte, ihre Bücher seien nicht vergleichbar: «Meine sind literarisch und deine nicht.» «Was soll denn das heißen?» sagte der Romanautor. «Meine sind in einem bestimmten Stil geschrieben; alle Stile, die nicht verwendet wurden, sind durch ihre Abwesenheit implizit darin enthalten. Deine Texte sind einfach Freistil.» «Leck mich doch!» entgegnete der Romanautor und verließ den Tisch. Eine Freundin, der er davon erzählte, sagte: «Im Grunde wollte er nur wissen, ob du deinen für länger hältst als seinen. Er soll aufhören, um den heißen Brei zu reden, und endlich erwachsen werden.» Er und der Romanautor sprachen ein Jahr lang kein Wort mehr miteinander; dann lud ihn der andere eines Tages auf einen Drink ein und sagte, seine Bemerkungen über ihre jeweiligen Bücher seien verletzend gewesen. «Wieso hätte ich verletzend sein sollen?» sagte er. «Weil du neidisch warst.» «Wieso sollte ich neidisch sein?» «Weil ich besser aussehe», sagte der andere. Daraufhin ging er diesem Mann aus dem Weg. Als er einmal mit einer Engländerin in Rom unterwegs war, löste er auf dem Bahnhof einen Reisescheck ein. Einige Minuten später wurde er über Lautsprecher an den Schalter zurückgerufen. Der Beamte sagte, er habe zu viele Lira eingesteckt. Er sagte, das tue ihm leid und er habe es nicht absichtlich getan. Die Frau sagte, er sei ein Idiot, daß er das Geld zurückgegeben und sich auch noch entschuldigt habe. «Wir hätten uns damit einen weiteren Tag hier leisten können», sagte sie. Er stimmte ihr halbherzig zu, doch sah er sie von da an mit anderen Augen. Er ist auch weiterhin ehrlich und aufrichtig und glaubt, ohne Lügen und Selbstbetrug wäre die Welt besser. Später wird er wohlhabende Leute kennenlernen, mit ihnen verkehren und verwundert feststellen, daß sich weder sie noch ihre Bediensteten die Implikationen ihres Verhältnisses eingestehen. Das wird ihn mehr als alles andere davon überzeugen, daß Ehrlichkeit, obgleich sie manchen Menschen möglich und in ihrer Verwirklichung durchaus reizvoll ist, nicht zu den natürlichen menschlichen Eigenschaften zählt. Einer seiner Freunde wird an Krebs sterben und wird von der ersten Diagnose an um seinen bevorstehenden Tod wissen. Wenn es dann soweit ist, wird er, obwohl er keine Schmerzen hat oder befürchten muß, sagen: «Als der Arzt Bescheid wußte, hätte er mir sagen sollen, die Tests seien negativ, und mich einschläfern wie eine Katze.»

Ärzte hatten tiefe Stimmen und Haare auf den Handrücken. Ging er an einer halb geöffneten Tür vorbei und hörte eine tiefe Stimme, so wußte er, es war ein Arzt, der, die Hand bereits auf der Klinke, letzte Ratschläge gab. Seine Mutter redete ständig über Ärzte. Ihr Liebling war der Kinderarzt, der seinem Bruder angeblich das Leben gerettet hatte, weil er ihm statt der Säuglingsnahrung, die ein anderer Arzt verschrieben hatte, Kuhmilch verordnete, worauf der Bruder bestens gedieh. Dieser Arzt war barsch zu ihm, aber freundlich zu seiner Mutter. In der Praxis sagte ihm die Schwester, er solle sich bis auf die Socken ausziehen. Sie wog und maß ihn und setzte ihn auf die Kante einer kalten Lederliege, wo er auf den Arzt warten sollte. Wenn dieser kam, berichtete seine Mutter, wie er seit dem letzten Besuch aß, wie Schlaf und Verdauung waren, wie er atmete und spielte. Dann beklopfte der Arzt seine Knie, schaute ihm in Nase, Hals, Ohren und Augen und betastete die Hoden, während er hustete und ihm der Schweiß aus den Achselhöhlen über die Rippen rann. Einmal, da war er sieben, sagte ihm der Arzt, er solle die rechte Socke ausziehen, dann stach er ihm in den großen Zeh und fing das Blut mit einer Glasplatte auf. An jenem Abend brachte ihm sein Vater einen neuen Bademantel mit. Am nächsten Morgen packte seine Mutter den Mantel zusammen mit einigen Schlafanzügen in eine Tasche. Sie würden jetzt ins Krankenhaus gehen, sagte sie, damit der Arzt sich den Zeh ansehen könne. Er wurde mißtrauisch, als er seinen Vater vor dem Krankenhaus warten sah, und bekam Angst, als er sich einen der Schlaf-

56

anzüge anziehen sollte. Zwei Pfleger und drei Schwestern waren nötig, um ihn auf den Operationstisch zu legen. Als er erwachte, bekam er Vanilleeis, und man sagte ihm, seine Mandeln seien entfernt worden. Fünf Jahre später hatte er akute Blinddarmentzündung; ihm war so übel, daß ihm egal war, was mit ihm geschah. Während eine Schwester seinen Bauch rasierte und der Chirurg ihn kurz anschaute, erkundigte er sich nach der Sterblichkeitsrate bei Blinddarmoperationen. Einer von fünfzig, erwiderte der Chirurg. Das schien ihm ein akzeptables Risiko, und er schlug einen Handel vor: Er würde sich auf dem OP-Tisch nicht wehren, und der Arzt solle ihn nicht festbinden. Der Chirurg willigte ein, und beide hielten ihr Wort. Zwar überlegte er es sich anders, als er das Betäubungsmittel einatmete, doch da waren seine Arme bereits taub. Mit dreißig bekam er eines Tages im Büro plötzlich Herzklopfen. Er meinte, einen Herzanfall zu haben, und ließ sich mit dem Taxi nach Hause bringen. Sein Hausarzt versicherte ihm, daß alles in Ordnung sei. Daraufhin konsultierte er einen Spezialisten, der zu demselben Ergebnis kam. Er sagte zu dem Herzspezialisten, daß er sicher sei, bald sterben zu müssen, und daß dieser ihm Lügen erzähle, um ihm die Qual der letzten Tage zu ersparen. Der Herzspezialist schickte ihn zu einem Psychiater, der seinem Bruder ähnlich sah und während der folgenden fünfjährigen Behandlung wenig sagte. Er versuchte, den Psychiater in Diskussionen über öffentliche und private Angelegenheiten zu verwickeln, beleidigte ihn, brachte ihm gelegentlich Geschenke, wies auf Widersprüche in dessen spärlichen Äußerungen hin, bekam aber nie viel Resonanz. Wenn er einen Witz erzählte, lächelte der Psychiater; wenn er lachte, lachte der Psychiater auch. Einmal, nachdem er eine sexuelle Phantasie erzählt hatte, beschuldigte er den Psychiater, rot geworden zu sein. «Nicht ich bin rot geworden», sagte der Psychiater, «sondern Sie.» Und tatsächlich brannte sein Gesicht. Bei einem seiner Besuche machte sich der Psychiater Notizen, etwas, was er seit der Jahre zurückliegenden Anamnese nie getan hatte. Sarkastisch fragte er den Psychiater, ob er ihn porträtiere. «Warum, meinen Sie, sollte ich Sie zeichnen?» fragte der Psychiater zurück, und da begriff er plötzlich, daß Psychiatrie eine ernste Angelegenheit sein konnte. Die beste Lektion war das Schweigen des Psychiaters: Man mußte nicht unbedingt reden, man konnte auch zuhören, und die anderen akzeptierten es. Er geht immer noch regelmäßig zu seinem Herzspezialisten, der ihm den Blutdruck mißt, ihn abhorcht und sich eine halbe Stunde mit ihm unterhält. Der Herzspezialist altert, schweift im Gespräch ab und findet nie etwas. Schuldbewußt wird er einen anderen Arzt aufsuchen, jünger als er selbst, und ihm erklären, er wolle zwar weiter zu dem Herzspezialisten gehen, wünsche aber gleichzeitig gründliche wissenschaftliche Versorgung. Der neue Arzt wird ihm darauf erwidern: «Sie gehen doch wegen des Arztes hin, nicht wegen sich selbst.» Er wird nicken. «Na gut, wenn Sie das so wollen.» Das wird der erste einer Reihe von Ärzten sein, die jünger sind als er, und als der Herzspezialist in Ruhestand geht, wird er merken, daß der Reiz, einen älteren Arzt zu haben, darin liegt, daß man einen Spezialisten zwischen sich und den Tod stellen kann.

Sein bester Sommerfreund war Robert, der nachdenklich und stämmig war und eine Zwillingsschwester hatte, die dünn und jungenhaft war; sie war das einzige Mädchen, das ihn verhauen konnte. Wie die meisten seiner Freunde war auch Robert älter als er. Robert half ihm beim Schwimmenlernen, brachte ihm Tennis und Schach bei und intervenierte für ihn, wenn die anderen ihn aus Altersgründen von ihren Spielen ausschließen wollten. Robert tat Dinge, die er bewundernswert, aber auch ein wenig seltsam fand; zum Beispiel notierte Robert zweimal täglich gewissenhaft den Barometerstand und benutzte grundsätzlich nur ein Blatt Toilettenpapier. Robert hatte ein ausgeprägtes Rechtsbewußtsein und war daher als Anführer anerkannt. Eines Tages am Strand, als er und Robert abwechselnd mit Roberts Luftgewehr schossen, tötete Robert eine Möwe. Robert nahm ihm das Versprechen ab, niemandem etwas davon zu sagen (und für lange Zeit hielt er es auch). Während sich Robert beim Schach verbesserte, wurde zwar auch er immer besser, er konnte ihn aber nie einholen. Dann, mitten in einem Spiel, konnte er plötzlich mehr Züge als sonst im voraus planen und gewann. Robert forderte Revanche, und er gewann auch diese Partie. Er dachte, Robert würde sich freuen, doch dieser war verärgert und schweigsam. Er glaubte, er würde von da an nie mehr gegen Robert verlieren, doch schon am nächsten Tag schlug Robert ihn dreimal. Sein zweitbester Sommerfreund war James, der nicht so gut Schach spielte wie Robert, den er aber nicht besiegen konnte. Robert schlug daher einen Trick vor: Wenn er das

59

nächste Mal gegen James spielen würde, wollte sich Robert als Zuschauer hinter ihn setzen. Er würde seine Hand langsam über das Brett führen, und wenn er nahe an der Figur war, mit der er ziehen sollte, würde Robert ihm auf den Rücken tippen. Dann sollte er verschiedene Züge probieren, und beim richtigen würde Robert wieder tippen. Auf diese Weise schlug er James eine Woche lang in jedem Spiel. James gab daraufhin das Schachspielen auf und schaute nicht einmal mehr zu, wenn er und Robert spielten. Robert bekam Gewissensbisse und versuchte, James wieder zum Spielen zu animieren, aber es gelang ihm nicht. Als er zwölf war und Robert fünfzehn, begannen sie, über Religion zu diskutieren. Robert glaubte an Gott, er selbst hatte seine Zweifel, konnte Robert aber nicht von seinen Ansichten überzeugen, obwohl Robert seinen Argumenten nichts entgegenzusetzen hatte. Sie unterhielten sich auch über Sex: Robert vertrat den Standpunkt der Katholiken, daß Sex außerhalb der Ehe und ohne Zeugungsabsicht unrecht sei. Er bekam immer mehr Zweifel an dieser Sichtweise und ließ das Thema schließlich fallen. Einmal am Strand bat ihn James' Schwester Sue, ein mäßig hübsches Mädchen, herauszufinden, wie Robert sie finde. Sie sagte, sie habe Interesse an ihm, aber er würde sie wegen ihres Mundgeruchs vermutlich nicht mögen. Er sagte, er werde sich erkundigen, aber auch, daß er hier und jetzt ihren Atem testen wolle. Sie hauchte ihn an, und ihr Atem war süß. Er bekam eine Erektion und flüchtete unter einem Vorwand in den Ozean, wo er blieb, bis die Erektion vorbei war. Er fragte Robert, wie er Sue finde, und Robert sagte, er finde sie nett. Das berichtete er Sue und hörte darauf nie wieder etwas von der Sache. In dem Sommer von Roberts Wechsel von der Junior zur Senior High School blieb

Robert für sich, machte einsame Strandspaziergänge und ging nicht mehr mit ins Kino, zu Strandpartys oder zu abendlichen Besuchen in die Eisdiele. Nach seinem Schulabschluß im folgenden Sommer verkündete Robert, daß er ab dem Herbst ins Priesterseminar gehen werde. Robert war nun wieder zugänglicher, aber ihn und die anderen machte der Gedanke, daß er Priester werden würde, befangen. Als sie eines Tages im Schatten von Roberts Bungalow saßen und Wortspiele machten, bemerkten die Robert gegenüber sitzenden Jungen, daß sein Hodensack zwischen Schenkel und Badehose eingeklemmt und sichtbar war. Bei einer heimlichen Beratung auf der anderen Seite des Bungalows wurde beschlossen, daß Sue ihn darauf aufmerksam machen sollte. Sie flüsterte etwas in Roberts Ohr, worauf er im Bungalow verschwand und zwei Tage unsichtbar blieb. Als der Krieg begann, wurden alle außer Robert eingezogen. Nach dem Krieg wurde Robert auf die Philippinen geschickt, um zu unterrichten. Er erfuhr von dessen Mutter, daß Robert nicht ins Ausland hatte gehen wollen. Später hörte er, daß Robert Rektor der Schule auf den Philippinen geworden war. Das erstaunte ihn nicht, denn Robert war schon immer der geborene Anführer gewesen. Schließlich wurde Robert in die Staaten zurückbeordert. Als Robert neununddreißig war und er sechsunddreißig, verheiratet mit zwei Kindern, trafen sie sich zum Abendessen. Es war das erste Mal, daß er Robert als Priester begegnete. Er war überrascht, wie schmächtig und passiv Robert wirkte und wie bieder er sich ausdrückte; er hatte ihn als selbstsicher, ernsthaft und elegant in Erinnerung. In seinem ersten Roman hat er Robert, aus Gründen, die ihm selbst nicht klar waren, als komische, geschlechtslose Figur dargestellt. Seither hat er Robert gemieden. Robert ist jetzt Kaplan des städtischen Gefängnisses, und aus Informationen, die er aufschnappt, folgert er, daß Robert ein Alkoholproblem hat. Roberts Zwillingsschwester lebt zufrieden als Heilig-Kreuz-Ordensfrau und hat bedeutende Beiträge zur Didaktik der Mathematik publiziert. Sue wird in einem Heim sterben, in das sie wegen schizophrenen Persönlichkeitszerfalls eingeliefert wurde. Er wird sich fragen, ob sie und Robert es besser gehabt hätten, wenn sie zusammengekommen wären, wird es aber bezweifeln.

Als man ihn zum ersten Mal mit ins Kino nahm, fragte er seine Mutter vorher, wie Filme seien. «An manchen Stellen dunkel und an manchen hell», antwortete sie. Der Film mit Jack Oakie handelte von Matrosen. Kurz darauf gingen sie in *Fledermausgeflüster*, wo ein Mann mit einem Umhang sich in eine Fledermaus verwandelte. In dieser Nacht träumte er, er läge wach im Bett in seinem Zimmer und eine aufrechte Gestalt in schwarzem Umhang und Schlapphut stünde im Türrahmen, sie hatte das Gesicht eines Wolfs. Den Rest der Nacht verbrachte er im Bett seiner Eltern. Seine Mutter und er schauten sich jeden Freitagabend einen Film an; immer im selben Kino, egal, was lief. Auf dem Heimweg kauften sie eine Schachtel mit den Keksen, die er besonders mochte, und kamen rechtzeitig zu den «Hexengeschichten», dem gruseligsten Radioprogramm, nach Hause. Seine Mutter mußte in Sichtweite bleiben, während er zuhörte und einen dick mit Butter beschmierten Keks aß. Als er größer war, ging er an Samstagnachmittagen in ein nahegelegenes, ärmliches Viertel, wo es ein Kino namens «Zentrum» gab, das drei Filme, Serien oder Zeichentrickfilme plus Wochenschau für nur zehn Cents zeigte. Das Programm fing mittags an und dauerte bis fünf oder sechs Uhr. Er und seine Freunde nahmen ihre Spielzeugpistolen mit und knallten während der Western. Sie schnitten Lederstreifen aus den Sitzen, die sie für ihre Schleudern brauchten, und pinkelten auf den Boden des Männerklos. Auf dem Heimweg zogen sie durch die Straßen und Billigkaufhäuser, wo die Muti-

63

geren etwas klauten. In der Dämmerung eines Frühlingsabends schnappten sie sich Klopapierrollen aus der Auslage eines Ladens, wickelten sie aus und ließen sie nebeneinander bergab an dem Laden vorbeirollen, um zu sehen, welche zuerst unten ankam. In seiner Ferienanlage gab es ein Kino mit einem Blechdach, und an Regentagen konnte man kaum etwas vom Film hören. Das Programm wechselte montags, mittwochs und freitags, und es verging keine Woche, wo er nicht mindestens zwei der Filme unbedingt sehen mußte, vor allem die mit Edmund Lowe, Jack Holt oder Laurel und Hardy. Seine Mutter wollte ihm nur einen Film pro Woche erlauben, doch mit Betteln oder Betrug erreichte er, was er wollte. In seinem letzten Jahr in der Grammar School war ein Kino namens Casino bekannt dafür, daß dort an Samstagnachmittagen geknutscht wurde. Er und seine Freunde gingen immer wieder hin, bis sie endlich kapierten, daß man sein eigenes Mädchen mitbringen mußte. Schließlich sprach sich das bis zum Pfarrer der örtlichen katholischen Kirche herum, und der beschwerte sich beim Manager. Daraufhin wurde eine Aufpasserin eingestellt, die mit einer Taschenlampe durch die Gänge auf dem Balkon patrouillierte. In der High School entdeckten er und seine erste feste Freundin ausländische Filme; selbst von jenen, die sie nicht mochten, behaupteten sie, daß sie besser seien als die amerikanischen. Einmal ging er mit seinem Freund Alec in *Daybreak* mit Jean Gabin. Mitten im Film trat die Schauspielerin Arletty aus der Dusche und war für einen Augenblick nackt von vorne zu sehen. Das Ganze ging so schnell, und sie waren so wenig darauf vorbereitet, daß keiner wußte, ob er bloß phantasiert hatte, bis sie darüber sprachen. Sie blieben sitzen und sahen sich den

Film noch einmal an, doch beim zweiten Mal fehlte diese Szene. In den Kinos der Armeestützpunkte saßen Offiziere und weibliche Armeeangehörige in gesonderten Bereichen zusammen, zu denen gewöhnliche Soldaten keinen Zutritt hatten. Als er einmal darauf wartete, daß die Lichter ausgingen und der Film begann, blies einer der Soldaten ein Kondom auf und ließ es wie einen Luftballon steigen. Andere taten es ihm nach, und bald war der Saal voll schwebender Kondome. Die weiblichen Armeeangehörigen und Offiziere verließen unter dem Gejohle der Soldaten das Kino. Eines Abends nach einem Mickey-Spillane-Krimi wartete er mit seiner Frau an der U-Bahn-Station, als langsam ein einzelner Waggon einfuhr, der offenbar die Fahrscheine des Tages einsammeln sollte. Plötzlich war er sicher, daß es sich um einen Überfall handelte: Er meinte sich zu erinnern, an den Treppen nahe den Fahrkartenschaltern und am Gleis diskret postierte Männer bemerkt zu haben. Statt anzuhalten, beschleunigte der Waggon jedoch wieder. Dann glaubte er, Schüsse zu hören, drängte seine Frau gegen die Wand und warf sich schützend auf sie. Nachdem er sich wieder aufgerichtet hatte, merkte er, daß gar nichts vorgefallen war. Die anderen hatten vermutlich gedacht, er und seine Frau küßten sich. Bei einer ziemlich alkoholisierten Party stellte man ihn einer bekannten Filmkritikerin vor. Er sagte, er wolle ihren Geschmack testen, und gab ihr Alternativen vor, zwischen denen sie wählen sollte. Er stimmte mit allen ihren Entscheidungen überein. Am Ende sagte er «Ritz Brothers, Marx Brothers.» «Ritz», schrie sie; darauf fielen sie sich in die Arme und schworen sich lebenslange Freundschaft. Sie lud ihn kurz darauf ein, mit ihr in *Deep Throat* zu gehen, kicherte den ganzen Film über und wurde von Männern im Publikum zur Ruhe ermahnt. Als sie das Kino verließen, gingen sie durch einen engen Gang beim Männerklo. Ein stämmiger, pickliger Junge tauchte auf und drängte sich an sie. Kichernd stieß sie ihm mit dem Ellenbogen vor die Brust. Das war der erste pornographische Film, den er sah, und später beim Essen sagte sie, er habe Glück, seine Unschuld an einen der besten verloren zu haben. Jetzt geht er nur noch auf Einladung anderer ins Kino. Gelegentlich sieht er sich einen Film im Fernsehen an; manchmal, wenn er trinkt, auch mehrere hintereinander bis zum Morgengrauen. Je älter er wird, desto schwerer fällt es ihm, sich auf die Handlung eines Films einzulassen: Entweder hat er ähnliche Filme bereits gesehen, oder der Regisseur weiß offenkundig weniger vom Leben als er selbst.

Im Sommer arbeiteten die Jungen und ihre Väter mit Holz. Die Väter bauten Bänke, Veranden, Vordächer, Plankenwege, Stufen, Geländer. Er baute Spielzeugboote. Von einem gut zwei Zentimeter dicken Fichtenbrett sägte er einen Viertelmeter ab, formte das eine Ende spitz und rundete das andere mit einem Hobel. Für das Oberdeck nagelte er ein weiteres Stück desselben Holzes darauf fest; als Schornsteine sägte er sich Stückchen von einem Besenstiel ab und schrägte sie ein wenig an, so daß sie leicht nach hinten abfielen. War der Aufbau zu hoch, kenterte das Boot. Manchmal machte sein Bruder ein Boot für ihn, und manchmal machte er eines für einen kleineren Jungen. Hinter dem Supermarkt lagerten ausrangierte Holzkisten aus rechteckigen Leisten. Er und die anderen Jungen bauten sich Gewehre aus den Holzrahmen, indem sie sich rechtwinklige Teile heraussägten, deren zehn Zentimeter lange Seite den Griff und die zwanzig Zentimeter lange den Lauf des Gewehrs darstellte. Ein Gummiband wurde an der Unterseite des Laufes festgetackert, über das Ende und die Oberseite des Laufes gezogen und an der Gelenkstelle befestigt. Dann wurde zwischen den Gummisträngen auf dem Lauf ein kleines Stück Karton befestigt. Ließ man den Gummi fahren, so wurde das Kartonstückchen vier bis sechs Meter weit geschleudert. Eine Zeitlang waren kleine Linoleumquadrate in Gebrauch, doch man kam wieder davon ab, nachdem ein aus kurzer Entfernung abgefeuertes Geschoß einem Jungen im Rücken steckenblieb. Sein Bruder und sein Vater bastelten Schuhschränkchen, Werkzeugkästen und Regale und besserten gesplitterte, zerbrochene oder verrottete Bretter am Bungalow aus. Sie hantierten mit Sägen, Hobeln, Hämmern, einem Beil, verschiedenen Handbohrern und einem Schraubenzieher; alle Werkzeuge wurden regelmäßig geölt, gesäubert, geschärft und ordentlich aufgeräumt und waren ein unerschöpfliches Gesprächsthema zwischen den beiden. Ihm, dem Jüngsten, gestattete man allenfalls, abblätternde Farbe von Wänden und Decke zu kratzen und unter Anleitung des Vaters oder Bruders neue aufzutragen. In der Stadt setzte er Modellflugzeuge aus Bausätzen zusammen, die Pläne, Balsaholzteile und nach Äther riechenden Klebstoff enthielten. Seine Flugzeuge gelangen nie so gut wie die seines Bruders: Die Streben trockneten schief an, und die Stoßkanten wurden von Klumpen getrockneten Klebstoffs verunziert. In seinen ersten Roman baute er eine komische Figur ein, für die sein Bruder als Vorbild gedient hatte. Dieser Mensch bastelte Kästchen für die unmöglichsten Gegenstände, und dann wieder Kästchen für die Kästchen. Als er einmal abends an seinem Roman arbeitete, während sich sein Bruder einer Notoperation unterziehen mußte, strich er spontan alle Passagen, die von dieser Figur handelten, für den Fall, daß sein Bruder und er sterben sollten und der unvollendete Roman postum veröffentlicht werden würde. Er ging gern mit seinen Töchtern im Park spazieren und machte ihnen Spazierstöcke aus heruntergefallenen oder abgeschnittenen Ästen, in deren Rinde er Spiralen oder Kreuze schnitzte. Seinen Töchtern erzählte er, das seien geheime Indianermotive. Er wußte nicht, daß seine Töchter ihm das glaubten, bis ihn eines Tages ein Freund seiner älteren Tochter fragte, zu welchen Stämmen diese Muster gehörten. Seine Töchter sammelten die Stöcke, bis es so viele wurden, daß seine Frau sie wegwarf. Nachdem er seine Familie verlassen hatte, übernahm er das Atelier eines befreundeten Künstlers, der ihm zeigte, wie man Regale, Tische und einfache Schränke baut. Damals hatte er Probleme mit dem Schreiben und lenkte sich ab, indem er Eichenbretter kaufte und sie abschmirgelte, um später Tischplatten daraus zu machen. Er baute mehr Tische, als er unterbringen konnte, und gab die überzähligen wie junge Katzen an Freunde ab. War ihm ein Tisch gut gelungen, blieb er auf, trank und wartete, bis der Lack trocken war. Er wünschte dann, sein Vater wäre noch am Leben und könnte ihn sehen. Er versuchte, von seinem Bruder ein Lob für seine Arbeit zu bekommen, doch sein Bruder verübelte ihm, daß er seine Familie verlassen hatte, und alles, was damit zusammenhing. Außerdem hatte sich sein Bruder inzwischen eine Kellerwerkstatt eingerichtet, wo er Repliken antiker Möbel anfertigte. Er war keineswegs beeindruckt. Als er sich verliebte und mit der Frau in ein Apartment zog, schreinerte er für sie. Sie wünschte sich eine hohe, dreieckige Ablage, die zwischen Kühlschrank und Herd paßte. Er baute ein Gestell mit einer Sperrholzplatte darauf, aber es wackelte. Später wird er es in betrunkenem Zustand voller Wut zertrümmern. Auch wenn er selbst nicht mehr mit Holz arbeitet, wird er weiterhin eine Schwäche für gut gearbeitete Türen, Fensterstöcke, Böden, Tische und Stühle haben und jegliches Furnier sowie falsche Edelhölzer verachten. Er wird eine starke Vorliebe für Gegenstände aus organischen Materialien entwickeln und überzeugt sein – wenn er betrunken ist, wird er darüber auch reden –, daß Fußabstreifer, Telegraphenstangen, Zeitungen, Reifen und dergleichen das Glück haben, nicht aus Plastik hergestellt zu sein. Ein Freund wird zu ihm sagen: «Und was ist mit den Menschen? Die sind so organisch, wie man es sich nur wünschen kann.» «Aber sie bewegen sich», wird er antworten.

Wenn sein Vater eine Zigarettenkippe in der Kloschüssel hinterließ, versuchte er, sie mit einem Urinstrahl zu zerteilen. Er und seine Freunde pißten in Bögen, um zu sehen, wer es am höchsten schaffte. Schießgeräte wie Pfeil und Bogen, Erbsenpistolen und Schleudern waren im Viertel verboten, aber ein Junge aus einer anderen Gegend brachte bei einem Besuch sein Luftgewehr mit und ließ ihn damit schießen. Der Rückstoß und das satte Geräusch, mit dem das Geschoß eine Flasche, eine Konservendose oder einen Baum traf, ja schon allein die Vorstellung, wie es durch die Luft sauste, erfüllten ihn mit Befriedigung. Sein Bruder kaufte sich ein Kleinkalibergewehr, mit dem er auf dem Brachgelände in der Nähe der Ferienanlage schoß; ihm war verboten, es auch nur anzurühren. Wenn keiner zu Hause war, spielte er damit, wenngleich sein Bruder den Schlagbolzen entfernt und versteckt hatte. Er liebte es, Muschelschalen gegen den Wind zu schleudern, die sich dann aufbäumten und für Augenblicke in der Luft stehen blieben, oder mit dem Wind, was ihren Flug um das Zwei- bis Dreifache verlängerte. Er ließ flache Steine über ruhiges Wasser schnellen und beobachtete, wie sie vor dem Untergehen hüpften. Im Winter warf er von seinem Fenster aus Schneebälle, manchmal auf Passanten. Sobald das Wetter wärmer wurde, lagerte er Schneebälle für den späteren Gebrauch in der Gefriertruhe ein. Einmal, es hatte stark geschneit und anschließend getaut, fiel die Temperatur plötzlich wieder ab, und auf dem Schnee bildete sich eine Eiskruste. Er und seine Freunde

gingen auf das Dach des Wohnblocks, brachen große
Eisbrocken ab und hievten sie über den Rand. Einer traf
ein Coupé und brach durch das Verdeck. Schreiend vor
Angst und Begeisterung rannten sie auf die Straße hinunter, doch das Auto war weg. Von seinem Onkel, der
plötzlich verstorben war, erbte er eine kleine Kneif-
zange, mit der er Kupferdraht in Zentimeterstücke
schnitt, die er dann u-förmig bog und mit einem Gummiband auf Objekte und Leute abschoß. Wenn kein
Schnee lag, ließ er Murmeln aus seinem Fenster fallen;
jene, die nicht zerbrachen, sprangen in hohem Bogen
vom Gehweg. Wenn er masturbierte, formte der erste
Samenerguß manchmal zwei aneinanderhängende Bla-
sen, die einander umkreisten wie Zwillingsgestirne.
Dann folgten zwei oder drei Schübe, die weniger heftig
und ergiebig waren. Im ersten Jahr der High School
waren alle Schüler verrückt nach Wasserpistolen. Sie
stellten wassergefüllte Milchtüten in ihre Pulte und
luden die Pistolen durch die unbenutzten Löcher für
Tintenfässer nach, um neue Salven auf andere loslassen
zu können. Einmal schoß er Wasser an die graue Schie-
fertafel, während der Lehrer etwas anschrieb. Das Wasser rann als umgedrehte Hügelkette herunter und färbte
die Tafel schwarz. Am 4. Juli des Sommers, in dem er
vierzehn wurde, nahm er sechs Feuerwerksraketen auseinander, merkte sich, wie sie konstruiert waren, und
bastelte aus Karton und Klebeband eine große; lodernd
hob sie vom Boden ab. Noch bevor er das Alter erreichte, in dem sein Bruder sich ein Gewehr kaufen
durfte, wurde er eingezogen. Gewicht, Aussehen, Geräusch, Geruch, Zweck und Pflege des Armeegewehrs
nahmen ihm den Spaß am Schießen. Nach dem Waffen-
stillstand pinkelten er und ein anderer Soldat am Abend

71

vor Abgabe der Waffen in die Läufe ihrer Gewehre. Er spielt jetzt Tennis, und manchmal gelingt es ihm in einem Spiel, fast jeden Ball perfekt zu treffen, so daß er niedrig und hart von der Mitte des Schlägers abprallt. Er wird sich überlegen, ob er sich eine Waffe gegen Einbrecher anschaffen soll, doch der Gedanke, er könnte depressiv werden und sich damit umbringen, hält ihn davon ab. Er wird Kindern den Ball zurückwerfen, wenn er vor seine Füße rollt, und sich fragen, ob die Kinder den Eifer bemerken, der ihm seinerzeit an den Gesichtern alter Männer aufgefallen ist, die ihm Bälle zurückwarfen. Morgens fragt er sich gelegentlich, ob er wohl in der Lage wäre, aus dem brusthohen Fenster oberhalb der Kloschüssel zu pinkeln; er wird es nicht ausprobieren, manchmal aber langsam von der Kloschüssel zurücktreten, um zu sehen, wieviel Schwung ihm noch geblieben ist.

Am Anfang wurde er in einem geflochtenen Babywagen herumgeschoben. Das erste mechanische Fortbewegungsmittel war ein geborgtes Spielzeugauto mit Pedalen. Sein erstes Dreirad hatte eine Hupe mit schwarzem Gummiball; sein zweites eine Klingel, die man mit dem Daumen drückte, was ihm lieber war, denn da mußte er beim Klingeln nicht die Lenkstange loslassen. Alles in allem hatte er vier Dreiräder; sobald er aus einem herausgewachsen war, bekam er ein neues. Das letzte benutzte er hauptsächlich, um damit, die Beine von den rotierenden Pedalen abgespreizt, den langen Berg neben dem Wohnblock hinunterzurasen. Das Rollschuhfahren brachte er sich selber bei, indem er zunächst mit festem Schritt dahinstapfte, damit die Räder sich nicht drehten, später hangelte er sich an Zäunen und Wänden entlang. Als sein Bruder sich ein großes Surfbrett aus Balsaholz baute, das er mit Leinwand bezog, erbte er dessen kleines Brett aus massiver Kiefer und surfte damit auf den harmloseren Wellen nahe dem Ufer. Er war gern im Segelboot seines Bruders; der Gedanke, daß das Boot, das jetzt noch in einer Flaute lag, von einer Brise und schließlich von immer heftigerem Wind ergriffen würde, stärkte sein Vertrauen in die Zukunft. Im Herbst und Frühling frequentierte er die Rutschbahnen und Schaukeln der Spielplätze. Es hieß, mit dem nötigen Schwung könne man mit der Schaukel einen Kreis beschreiben, doch er sah nie jemanden, der das schaffte, und seine eigenen Versuche scheiterten, sobald er eine Höhe von etwa 45 Grad über der Stange erreicht hatte. Dann ließ die Zentrifugalkraft nach, und die Schaukel sackte ruckartig nach unten. Am Anfang des Winters befestigten er und seine Freunde ausrangierte Nummernschilder auf Rollschuhen, hockten sich mit angezogenen Beinen darauf und rasten leere, abschüssige Straßen hinunter. Sie lenkten mittels Gewichtsverlagerung und versuchten, sich wie beim Autorennen gegenseitig von der Fahrbahn zu drücken. Schlittschuhlaufen mochte er und war gut darin. Einmal stürzte er auf dem Eis und schnitt sich mit der Kufe die Innenseite des linken Handgelenks auf. Später zeigte er einem Mädchen die Narbe als Beweis für einen Selbstmordversuch. Als er das erste Mal ausritt, bat er um das zahmste Pferd und bekam einen Klepper mit durchhängendem Rücken und verschlagenem Blick. Kaum waren er und seine Begleiter draußen im Gelände, machte das Pferd kehrt. Er zog den Zügel rechts an, dann links und hielt ihn schließlich so fest, daß der Kopf des Pferdes nicht auskonnte; dennoch trottete es zum Stall zurück. Er lehnte das Angebot, es mit einem anderen Pferd zu versuchen, ab und wartete auf seine Freunde. Bei der Armee meldete er sich zu den Fallschirmjägern, machte einen Probesprung, kam zu dem Schluß, daß Luft ein unnatürliches Medium für die menschliche Fortbewegung sei, und gab auf. Auf einem Parkplatz brachte er sich durch stundenlanges Üben mit einem Armeejeep das Fahren bei. Er und ein anderer Soldat, der ebenfalls Fahren lernte, fuhren eines Abends mit dem Jeep außerhalb des Übungsgeländes herum und prallten mit 50 Stundenkilometern gegen die Offiziersunterkunft. Nachdem man sie im Hospital auf Verletzungen untersucht hatte, wurden sie wegen Veruntreuung von Staatseigentum unter Arrest gestellt, doch da war der Krieg so gut wie zu

Ende, und es wurde kein Verfahren gegen sie eingeleitet. Sein erstes Auto kaufte er für einhundert Dollar, einen schwarzen Ford Coupé Baujahr 1939, der auch Vertreter-Ford genannt wurde, weil er nur einen Sitz und einen großen Kofferraum hatte. Da ihm die Militärbehörde keine Fahrerlaubnis ausgestellt hatte, fuhr er das Auto zwei Jahre lang ohne Führerschein und Zulassung. Bei einer Party, zu der er ohne seine Frau gegangen war, ließ er einen Eiswürfel in den Ausschnitt einer verheirateten Frau fallen, die er kaum kannte. Auch sie war allein gekommen, reagierte zu seiner Überraschung amüsiert und schlug vor, zu ihr zu gehen. Auf dem Weg in ihre Wohnung fuhr er auf ein Auto auf, das an einer roten Ampel wartete. Sie wurde gegen das Armaturenbrett geschleudert, er verletzte sich die Nase am Rückspiegel. In ihrer Wohnung versuchten sie, miteinander zu schlafen, aber sie klagte über Schmerzen, und er war zum ersten Mal in seinem Leben impotent. Am nächsten Tag rief sie an und sagte ihm, drei ihrer Rippen seien gebrochen und er solle niemandem von dem Abend erzählen. Als sein erster Roman erschien, schrieb der Ehemann dieser Frau eine unangemessen harsche Kritik. Nach unzähligen Strafzetteln für Schnellfahren und Falschparken, die er zum Teil sofort, zum Teil erst später bezahlte, beschloß er eines Tages, sich nie wieder gesetzeswidrig zu verhalten. Seitdem hat er keinen Strafzettel mehr bekommen. Er wird Reitstunden nehmen, um einer Frau zu imponieren, in die er sich verliebt hat und die eine versierte Reiterin ist. Sein Reitlehrer wird ihn, entweder weil er seine Erfahrung unterschätzt, seinen Lerneifer spürt oder weil er ihn blamieren will, gleich in der ersten Stunde traben und galoppieren lassen. Obgleich er Angst hat, wird er sich gut halten und entsprechend begeistert sein. Er wird die Pferde wegen ihrer Kraft und Masse bewundern, aber ihre Reizbarkeit und Servilität verachten. Wenn die junge Frau sich weigert, mit ihm zu reiten, und dies auch nicht weiter kommentiert, wird er den Sport aufgeben. Sein Bedürfnis nach körperlicher Bewegung wird sich so weit reduzieren, daß er an Wochenenden seine Wohnung nicht verlassen wird, wenn es sich vermeiden läßt.

Er fürchtete sich vor Insekten und konnte nur jene anfassen, die als Spielzeuge galten, wie Marienkäfer, Maikäfer oder Stubenfliegen. Auf Spinnen, Kakerlaken, Nachtfalter und Käfer reagierte er panisch, wenn er ihnen in Räumen begegnete, und selbst draußen ekelte er sich vor ihnen. Fische und Nagetiere waren ihm gleichgültig, denn es mangelte ihnen an Individualität. Vögel konnte man in der Natur wegen ihres Flugbildes und im Käfig wegen ihrer Form und Farbe bewundern, aber auch sie waren keine Individuen. Die einzigen Haustiere, die er als Kind halten durfte, waren unpersönliche Goldfische, Schildkröten oder Salamander. In seinem neunten Sommer gab er einer schwarzen Katze mit einem weißen Fleck am Hals eine Untertasse voll Milch. «Jetzt wirst du sie nie mehr los», sagte seine Mutter. Er wollte die Katze unbedingt behalten und bettelte am Ende des Sommers, sie mit in die Stadt nehmen zu dürfen. Er hatte gehört, daß die von Feriengästen gefütterten Katzen den Winter nicht überstünden. Das führte er als Argument an, hatte aber keinen Erfolg. Als er achtzehn war, ging er mit zwei Freunden zum Zelten. Es regnete die ganze Zeit, und die drei mußten die meiste Zeit im Zelt verbringen. Die Innenseite des Zeltdachs war mit Insekten übersät. Oft, wenn er tagsüber auf seiner Luftmatratze lag, beobachtete er, wie sie durcheinanderkrabbelten, von der Plane wegflogen und wieder landeten. Er fühlte sich wohl in ihrer Gegenwart, denn die Wälder waren ihr natürlicher Lebensraum. Beim Militär gab es jede Menge Insekten. Als er sich einmal zu Übungszwecken in einen Schützengraben kauerte und nur noch der Kopf über den Rand schaute, marschierte eine riesige Spinne mit haarigen Beinen wenige Zentimeter vor seinem Gesicht vorbei. Während er die Spinne betrachtete, schien die Spinne ihn zu betrachten. Er war so unglücklich in der Armee, daß ihm alle nichtmilitärischen Lebewesen, selbst Pflanzen, glücklicher erschienen, und aus diesem Grund respektierte er sie. Er hatte gerade masturbieren wollen und entschied sich nun, auf diese Weise die Spinne zu ficken. Er stand auf, holte seinen Penis heraus und legte ihn auf dem Rand des Schützengrabens ab. Nach langwieriger, methodischer Manipulation kam die Ejakulation, und zwei von drei Samenergüssen trafen die Spinne. Sie rollte sich zu einem Ball zusammen, richtete sich dann wieder auf und lief weg. Kurz nach seiner Hochzeit verbrachte er mit seiner Frau ein Wochenende in einer Jagdhütte. Am zweiten Tag sah er seine Frau über eine kleine Brücke auf sich zukommen. Sie hielt sich ungewöhnlich aufrecht. Angstvoll flüsterte sie seinen Namen und «Jag ihn weg!», während sie auf die Hütte zuging. Hinter ihr kam ein großer Schäferhund angesprungen. Er schnalzte mit der Zunge, und der Hund ließ von seiner Frau ab und kam statt dessen auf ihn zu. Er hatte das Gefühl, das Interesse des Hundes für seine Frau gleiche dem seinen. Er hielt ihm den Arm wie einen Stock hin, und der Hund nahm ihn zwischen die Zähne. Dann hockte er sich nieder und streckte die Handfläche nach der Hundepfote aus. Der Hund hob sie, doch anstatt die Pfote zu ergreifen, packte er den Hund bei den Knöcheln und warf ihn auf die Seite. Der Hund schnellte mit einer Drehbewegung hoch und stand dann auf den Hinterbeinen über ihm. Darauf packte er den Hund um den Leib. So rangen sie eine Weile miteinander, wobei der Hund durch Knurren anzeigte, wenn er zu weit ging. Er bemerkte, daß seine Frau vom Fenster aus zusah. Er dachte, sie würde ihn für besonders mutig halten, doch kam sie danach nie wieder darauf zu sprechen und nickte bloß, wenn er den Hund erwähnte. Jahre später rang er gelegentlich mit dem großen Boxer von Freunden. Das Tier wog neunzig Pfund und schien nur aus Muskeln und Knochen zu bestehen. Nach etwa einer Viertelstunde, immer dann, wenn seine Kräfte zu Ende gingen, ließ sich der Hund auf die Seite werfen wie ein Kalb, das ein Brandzeichen bekommt. Eines Abends traf er im Haus dieser Freunde einen Tierarzt, der ihm sagte, ein erregter Hund von dieser Größe könne plötzlich seine Intention ändern und den Arm eines Menschen mit einem Biß abtrennen. Er war sich sicher, daß er den Hund genau hatte einschätzen können, kämpfte aber dennoch nicht mehr mit ihm. Später wurde der Hund blind und schwach, seine Augen wurden milchig braun, und er stieß gegen die Möbel, bellte ohne Grund und konnte ihn nicht mehr erkennen. Er schlug seinen Freunden vor, dem Hund einen Blindenführer zu besorgen; sie waren entsetzt über diese Bemerkung, und er schämte sich. Als der Hund starb, wurde er durch einen lebhaften deutschen Jagdhund ersetzt, mit dem er nichts zu tun haben wollte. Seine Töchter brachten ihm, nachdem er seine Familie verlassen hatte, eine Katze aus dem Tierheim, damit er nicht so allein wäre. Sie nannten sie Filia und beobachteten sehr genau, wie er zu ihr stand. Eines Abends wollte die Katze auf seinen Schoß springen, fiel aber wieder herunter. Als er sie aufhob, schien sie ihm ungewöhnlich leicht. Er brachte sie in die Tierklinik, wo man ihm sagte, sie leide an einer auszehrenden Krankheit und solle eingeschläfert werden. Seine Töchter besorgten ihm eine andere Katze, der sie den Namen Amicus gaben; sie lebte, bis sie erwachsen waren. Als er sich in eine junge Frau verliebte und sie bei ihm einzog, brachte sie ihre Katze mit. Sie redete das Tier mit immer neuen Namen wie Mäusepfote, Tigerlippe oder Fellfinger an. Während sich die Beziehung verschlechtert, wird ihr Ton ihm gegenüber immer schneidender, gegenüber der Katze bleibt er zärtlich. Manchmal, wenn er sich nach Zuneigung sehnt, wird er ein an die Katze gerichtetes Wort fälschlicherweise auf sich beziehen. Eines Samstags, als er wieder allein lebt, wird er einen goldenen Vogel sehen, der, wie er meint, vor seinem Wohnzimmerfenster sitzt. Doch beim Näherkommen wird er feststellen, daß er sich verschätzt hat und der Vogel im Zimmer ist. Er wird das *I Ching* an einer beliebigen Stelle aufschlagen und den Spruch so interpretieren, daß die Beziehung ohne Vorwurf enden wird. Er wird das Buch an anderer Stelle öffnen, und diesmal wird die Botschaft noch klarer sein: Der Besucher soll sich gen Süden wenden. Mit Hilfe eines Handtuchs wird er den Vogel hinausbefördern und erleichtert sein, daß er nicht für ihn sorgen muß, und verstehen, daß das *I Ching* einem dabei helfen kann zu tun, was man sonst nicht tun würde.

Als er zum ersten Mal seine Pfadfinderuniform trug, hielt ihn ein verrückt gekleideter Schwarzer auf der Straße an und fragte, ob er einen Dollar verdienen wolle. «Womit?» fragte er. «Indem ich dir einen runterhole.» «Nein, *Sir*», sagte er und rannte weg. Als er zehn war, trieb sich Fritzie, ein älterer Junge mit lebhafter Gesichtsfarbe und feuchten Lippen, in der Gegend herum. Er und seine Freunde akzeptierten Fritzie, denn er redete über Philosophie und spielte Mundharmonika. Es hieß, er sei Epileptiker, aber keiner hatte je einen Anfall bei ihm gesehen. Als er einmal im Park mit Fritzie im Gras lag, schlug Fritzie vor, durch die Hose mit seinen Genitalien zu spielen, das würde ihm bestimmt Spaß machen. Er ließ es zu, empfand jedoch nichts dabei. Das sei seltsam sagte Fritzie, und als ein Pärchen sich in ihre Nähe setzte, hörte er damit auf. Er und seine Freunde äußerten oft den Wunsch, daß einer von ihnen ein Mädchen wäre. «Junge, würd' ich dich ficken», sagten sie dann, und derjenige, der das Mädchen sein sollte, zuckte dann mit den Schultern. Im Alter von elf zogen er und sein bester Freund aus der Stadt Analverkehr in Betracht oder zumindest den eingecremten Penis in der Spalte unter dem Anus zu reiben. Doch sie entschieden, daß ihnen ein Mädchen lieber wäre und sie warten wollten. Gegen Ende des zweiten High-School-Jahres machte ihn Mr. Kendall, ein Griechischlehrer, der durch Kinderlähmung verkrüppelt war und am Stock ging, zum Mitglied der Kinder Kendalls. Diese kleine Gruppe Auserwählter durfte ihn in seiner Junggesellenwohnung besuchen, wo man rauchte,

Klatsch austauschte, trank und Mr. Kendalls Lebensbetrachtungen lauschte. Viele der neuen Mitglieder hatten bis dahin keine Erfahrungen mit Alkohol gemacht und noch keinen Geschmack an Getränken wie Tom Collinses oder Portwein gefunden. Wenn er seinen Jungs sonst schon nichts beibrächte, sagte Mr. Kendall, dann wenigstens, wie man Scotch trinke. Im Frühjahr seines dritten Jahres luden Mr. Kendall und Mr. Whelan, ein Französischlehrer, vier Mitglieder der Gruppe zu einem Wochenende in Mr. Whelans einsam gelegener Hütte ein. Am Samstagabend betranken sich alle oder taten zumindest so, und gegen Mitternacht brüllte Mr. Kendall: «Wer will gefickt werden?» Keiner wollte, soweit er das beurteilen konnte. Er schlief auf dem Vordersitz von Mr. Kendalls Auto, ein anderer Junge schlief auf der Rückbank, und alle kehrten früh am nächsten Morgen in die Stadt zurück. In der Armee traf er den ersten bekennenden Homosexuellen, den er mochte, einen großen Jungen mit klaren Augen, der mit seinem Nachnamen, Pearl, angeredet werden wollte. Pearl ging leicht gebückt, um kleiner zu wirken, und sagte, das einzig Gute am Militär sei, daß es seine Beinmuskeln gestärkt habe. Er fühlte sich von Pearl nicht abgestoßen, weil er einen Homosexuellen bloß zu imitieren schien, wohingegen sein Freund Harry, der Harriet genannt werden wollte, offenbar wirklich einer war. Pearl hatte jede Menge Theorien und Geschichten über Schwule parat: Die echten wollten Frauen sein; sie waren nur scharf auf Männer, die Frauen liebten, und daher war ihre Enttäuschung vorprogrammiert. Ein anonymer Homosexueller habe einen Preis von einer Million Dollar für den ersten Mann ausgesetzt, der ein Baby austragen würde. Pearl und Harry luden ihn in das Haus eines Schwulen ein, der nicht bei der Armee war und in der

nahegelegenen Stadt wohnte. Er nahm an und ging nach
dem Abendesssen mit Pearl in einem abgedunkelten
Raum ins Bett. Er kam dreimal; in dem Bett ging es ziemlich hoch her, und er vermutete später, daß der Gastgeber,
ein ziemlich häßlicher Mann, zwischendurch Pearls Platz
eingenommen hatte. Am nächsten Morgen brachte Harry
Pearl eine Kirsche im Glas. Die Erfahrung war für ihn
nicht lustvoller, als wenn er masturbiert hätte, und er
schlief nie wieder mit Pearl. Pearl akzeptierte das, aber
Harry bettelte noch Wochen danach, daß er mit ihm ins
Bett gehen solle. Die erste Person mit einem Doppelna-
men, die er kennenlernte, war ein attraktiver Junggeselle,
der ihn ständig über seine Fortschritte bei der Suche nach
einer passenden Freundin auf dem laufenden hielt. Er
selbst war zu jener Zeit unglücklich verheiratet und beneidete den Junggesellen um sein Single-Dasein, bis zu
dem Tag, als jener ihm erzählte: «Ich hatte zwei Jahre
lang keinen Sex mehr – seit ich das letzte Mal Schluß
gemacht habe.» «Was ist denn aus deiner Freundin geworden?» «Aus *meinem Freund*», entgegnete der Junggeselle, und ihm wurde klar, daß sexuelle Bekenntnisse
Propositionen beinhalten. Der zweite Mann mit Doppel-
namen hatte eine Schwäche für ausgefallene Bartkreatio-
nen und wirkte gleichzeitig knabenhaft und wie ein alter
Onkel. Für eine Weile war er jedermanns Liebling, doch
dann brachte er einen Kollegen um eine einflußreiche
Stelle, indem er den Chef wissen ließ, daß der Kollege
schwul sei. Der Kollege erzählte ihm bei einem Drink in
einer Bar: «Er hat mich nicht einmal gefragt, ob ich es
tatsächlich bin», und nach einer Pause: «Weißt du, was
sein Problem ist? Er möchte ein guter Kerl sein, aber er
schafft es einfach nicht.» Lesben verachtet er, denn sie
wirken zornig und können nicht viel dagegen tun.

Schwule hält er für unglücklich und beschädigt. Indem der Sex für ihn nicht mehr so wichtig ist, verlieren auch sexuelle Unterschiede an Bedeutung: Die Leute scheinen hinter sexuellen Masken hervorzuschauen, die sie sich nicht abreißen können.

Als er ein Baby war, beschäftigte seine Mutter ein irisches Kindermädchen. Sie wohnte bei der Familie, bis er zwei Jahre alt war. An ihren Freund erinnert er sich besser als an sie. Er war Busschaffner und hatte ein rotes Gesicht. Sein Job bestand darin, auf der hinteren Plattform eines Doppeldeckerbusses zu stehen und Fahrgeld zu kassieren. Das Kindermädchen schob den Kinderwagen zu bestimmten Zeiten an die Bushaltestelle und wartete auf ihren Freund. Der Freund hatte eine Lochzange für die Fahrkarten und einen Behälter für Wechselgeld. Eines Tages schenkte ihm der Freund eine Pastille mit Veilchengeschmack. Das gefiel ihm und machte ihn stolz. Kurz darauf zog die Familie in eine neue Wohnung auf der anderen Seite des Flusses, und das Kindermädchen kündigte. Sie sei nach Irland zurückgegangen und habe geheiratet, erzählte ihm seine Mutter, als er alt genug war zu fragen. Seine Mutter sagte auch, daß er erst zu sprechen begonnen habe, als das Kindermädchen weg war. Sein erster Satz sei gewesen: «Wann gehen wir wieder zum alten Zuhause.» Er fragte seine Mutter, wie das Kindermädchen ausgesehen habe. «Sie war hübsch.» «Hat sie jemandem ähnlich gesehen?» «Nein.» Er wußte nicht, ob das gut oder schlecht war. Mit sieben bekam er eine eigene Lochzange geschenkt, mit der er kleine Löcher in viele Dinge stanzen konnte. Eines Tages suchte er danach, aber die Zange war verschwunden. Erfolglos durchsuchte er alle seine Sachen. Immer wieder vermißte er die Zange und schaute von neuem nach, in der Hoffnung, eine gründliche Suche würde sie zutage fördern, doch sie

85

blieb verschwunden. Als er zehn war, fragte er einmal in einem Süßigkeitengeschäft nach Pastillen mit Veilchengeschmack. Der Süßigkeitenverkäufer hatte keine und hatte noch nie von so etwas gehört. Auf dem Heimweg ging er in eine Drogerie, die eine größere Auswahl an Pastillen führte, und fragte den Mann an der Kasse nach Veilchenpastillen. «Du meinst Trauben», sagte der Kassierer. «Nein, Veilchen.» «Wir haben keine Bonbons mit Veilchengeschmack, bloß Seife mit Veilchenduft.» Doch er wußte genau, wie sie schmecken würden, wenn er sie nur auftreiben könnte. Einmal war er bei einem Paar eingeladen, das im Showgeschäft tätig war und nach dem Essen Marihuana anbot. Er hatte es nie probiert, glaubte nicht, daß es wirkte, hatte bereits etwas getrunken und rauchte sowohl die Pfeife als auch die Zigaretten, die herumgereicht wurden. Alsbald verwandelte sich eine Topfpalme, wie in einem Zeichentrickfilm, in einen riesigen Baum. Das Volumen des Raumes teilte sich in vertikale und horizontale Ebenen. Er konnte seine Konzentration entweder auf Tiefenschärfe oder auf den Vordergrund einstellen. Dann verwandelte sich der Raum in einen langen, gepflasterten Pfad, der ihn zu seiner Geburt zurückführte. Zu beiden Seiten erhoben sich gekachelte Wände. Der Himmel darüber war klar und blau. In der Nähe seiner Geburt gingen die Kacheln in helles Gelb und Orange über. Die Kacheln in seiner Nähe waren schmutzig und dunkel. Die Verursacher dieser Dunkelheit – sie waren zahlreich und von unterschiedlicher Art – standen wie Merkzeichen jenseits der Wände. Er konnte sie nicht sehen, wußte aber, daß sie da waren. Plötzlich stieg am anderen Ende des Weges eine Frauengestalt langsam zum Himmel auf. Er versuchte, ihr Gesicht zu erkennen, aber es war entweder abgewandt oder blieb undeutlich. Er begriff, daß ihre Gesichtslosigkeit mit Gedächtnisverlust zu tun hatte und daß sein Geist nicht in der Lage war, die Unbill in seinem Leben, die von jenseits der Mauer den Weg verschattete, im einzelnen zu identifizieren. Nachdem die Gestalt in den Himmel entschwunden war, sagte eine Stimme: «Es war schlimm, sie zu verlieren, als du zwei warst, aber noch schlimmer war, sie mehr zu lieben als deine Mutter.» Er wußte sofort, daß diese Botschaft wichtig war, und da er fürchtete, sie zu vergessen, bat er den Gastgeber, der sich unter dem Einfluß von Marihuana Notizen machte wie ein Wissenschaftler, sie aufzuschreiben und ihm den Zettel zu geben. Demnächst wird er mit einem Freund, einem Lehrer um die vierzig, zu Abend essen. Er wird ihm von dieser Erfahrung erzählen und ihm den Zettel zeigen, den er noch immer in seiner Brieftasche hat. Der Freund wird ihn lesen und sagen, daß ihm zum ersten Mal klar wird, daß *er* seine Frau geheiratet hat, weil sie *seinem* Kindermädchen ähnelte. «Und, ist die Ehe glücklich geworden?» wird er den Freund fragen, obwohl er weiß, daß das nicht der Fall ist. Der Freund wird die Hand heben, sie mit der Handfläche nach unten hin- und herschwenken und sagen: «Offenbar hat der Ödipuskomplex mehr Varianten, als Freud sich hat träumen lassen.» Kurz vor dem Tod seiner Mutter wird er auch ihr von dieser Erfahrung erzählen. Er wird glauben, daß das für sie eine noch gewaltigere Enthüllung bedeuten müsse als für ihn, doch seine Mutter wird nur sagen: «Oh, das war mir klar. Sie war ein sehr nettes Mädchen und hat dich *sehr* gemocht.»

Der eigentliche Boss war sein Vater, den er nicht von einer gefaßten Entscheidung abbringen, zu Lob bewegen oder in einer Auseinandersetzung schlagen konnte. Jedesmal, wenn er einen Rat oder eine Ermahnung erteilte, sagte sein Vater: «Ich will ja nur, daß du auf die Welt vorbereitet bist.» Einmal erzählte sein Vater von einem Wortwechsel an seinem Arbeitsplatz: «Der Chef hat zu mir gesagt: ‹Immer sagen Sie nein, niemals ja.› Darauf habe ich zu ihm gesagt: ‹Sie haben hier jede Menge Leute, die zu allem ja sagen. Aber wie viele haben Sie, die auch einmal nein sagen?› Wißt ihr, was er darauf gesagt hat? Er antwortete: ‹Wie viele von dieser Sorte brauche ich?›» Er nickte in Übereinstimmung mit dem Argument des Chefs, das sein Vater nicht kapiert zu haben schien. Wenn er ein gutes Zeugnis nach Hause brachte, sagte sein Vater: «Es kommt nicht auf die Noten an, solange du dein Bestes gibst.» Das war unbefriedigend, denn er war sich nie sicher, ob er tatsächlich sein Bestes gegeben hatte. Dennoch zweifelte er nicht an den guten Absichten seines Vaters. (Ein Psychiater sagte ihm später, daß sein Vertrauen in die Welt auf das Vertrauen in seinen Vater gegründet sei – «ein beachtliches Geschenk», fügte der Psychiater hinzu.) Es fiel ihm leicht, das Lob seiner Lehrer zu ernten, denn er war wohlerzogener, eloquenter und besser gekleidet als die meisten seiner Mitschüler, außerdem war er flinker und sah nett aus. Mochte ihn ein bestimmter Lehrer dennoch nicht, dann schrieb er das nicht sich selber zu: Dieser Lehrer war entweder seltsam veranlagt oder dumm. Nicht, daß ihm die Anerkennung eines Lehrers besondere Genugtuung verschafft hätte: Wenn der Lehrer ihn mochte, so zweifelte er an dessen Urteilsvermögen oder fand, was noch häufiger geschah, daß er sich dem Lehrer gegenüber falsch dargestellt hatte. Im College gestattete er sich die Freude an der Anerkennung eines Englischprofessors, der seine Aufsätze und später seine Gedichte schätzte. Einmal, als sie sich im Büro des Professors unterhielten und er eine kluge Bemerkung gemacht hatte, lehnte sich jener über den Schreibtisch und berührte seinen Handrücken. «Ich war ein Geschöpf seines Gottes», erzählte er später einem Freund. Der Professor starb, als er kurz vor dem Abschluß stand, und auf dem Campus hieß es, er sei schwul gewesen. Er fragte sich, ob der Professor ihn gemocht hatte, weil er homosexuell war, oder ob das dabei überhaupt eine Rolle gespielt habe. Als er seine erste feste Stelle antrat, hatte er einen Chef mit großem Kopf, Stiernacken, feingliedrigen Händen, Schmerbauch und Mundgeruch, der über Philosophiegeschichte promoviert hatte, sich am Unglück anderer erfreute, ein tränendes Auge hatte, in entfernte Städte fuhr, um Knabenchöre zu hören, und sich die Fingernägel mit dem Brieföffner säuberte. Als er eines Tages mit dem Chef zum Essen gehen wollte, konnte dieser sich nicht entscheiden, ob er einen Mantel anziehen sollte. «Ich hasse es, jemandem 25 Cent zu geben, bloß damit er ihn aufhängt.» «Dann lassen Sie ihn doch hier», erwiderte er. «Aber man wird mich für knauserig halten», sagte der Chef. Schließlich ging er ohne Mantel und gab dem Kellner ein zu üppiges Trinkgeld. Dieser Chef war inkompetent und wurde öffentlich kritisiert, was dessen Vorgesetzten dazu zwang, keine Schwäche zu zeigen und ihn bis zur Pensionierung zu behalten. Zu diesem Zeitpunkt erlitt der Chef einen Schlaganfall. Eines Tages traf er ihn in einem Restaurant, wo er, ausstaffiert mit grellen Klamotten und in seinen Stuhl gestützt, an einem Tisch saß und weiche Nahrung zu sich nahm. Nach einer kurzen Unterhaltung verabschiedete er sich mit dem Satz: «Es war schön, Sie zu sehen», und im Weggehen ergänzte er im Kopf die Worte «in diesem Zustand». In seinem zweiten Roman machte er aus diesem Mann einen Bösewicht, was dem Buch nicht gut bekam. Er erkannte, daß ungelöste lösbare Probleme kein Stoff für Romane sind. Der nächste Chef war ein Mann, der zehn Jahre jünger war und sich lieber mit Gleichaltrigen umgab. Der neue Chef verfolgte genau die entgegengesetzte Strategie seines Vorgängers; er hörte sich die persönlichen Probleme seiner Untergebenen an, gab Ratschläge und erbat von nichtprofessioneller Seite Vorschläge in professionellen Fragen, entschuldigte sich dann aber, daß diese leider nicht hätten realisiert werden können. Nachdem der Chef versucht hat, sich bei jedermann beliebt zu machen, wird er schließlich erschöpft kündigen. Auch der nächste Chef wird jung sein, und bald wird sich ein Muster etablieren, das der Firma sehr entgegenkommt: Junge Männer kommen und gehen in schneller Folge, wobei der Job ihnen zum Prüfstein und Sprungbrett wird. Wenn das in seiner Jugend auch schon so gewesen wäre, hätte er sich vermutlich einem dieser Chefs an die Fersen geheftet und wäre mit ihm aufgestiegen. Er wird sich mittlerweile unentbehrlich gemacht haben, so daß die neuen Chefs, die sich mit den alten Angestellten gut stellen wollen, Dinge zu ihm sagen werden wie: «Schon als *Kind* habe ich von Ihren Leistungen gehört. Ich wußte nicht, wer es war, aber daß jemand sie vollbracht hat, das wußte ich.» Eines Tages, wenn er das Büro des Chefs betreten wird, wird die Unterhaltung zwischen diesem und seinem Assistenten unvermittelt abbrechen. Der Assistent wird gerade gesagt haben: «Aber das *können* wir ihm nicht zumuten», und er wird merken, daß über ihn gesprochen wurde und daß man in ihm einen alternden Verlierer sieht, dem man seine Illusionen nicht zerstören will.

Seine Mutter sagte ihm, daß Leute nicht immer das seien, was sie zu sein schienen. Als er einmal nach den Sommerferien in die Stadt zurückkam, traf er einen Jungen, der ein Jahr älter war als er. Dieser Junge war erst vor kurzem in die Gegend gezogen; er war witzig, sah gut aus, und er fand ihn nett. Er erzählte seiner Mutter, daß er einen neuen besten Freund gefunden habe, mit dem er immer befreundet bleiben würde. Seine Mutter sagte, daß bislang niemand etwas Genaues über die Familie des Jungen wisse, und tatsächlich irritierte ihn beim ersten Treffen mit dessen Eltern, daß die Mutter größer war als der Vater. Im nächsten Sommer wechselten er und jener Junge kaum noch ein Wort miteinander. Die Nonnen in der Grammar School brachten ihm bei, alle Menschen seien von Gott geschaffen und mit einer unsterblichen Seele ausgestattet. Wenn manche, entgegen Gottes Absicht, dennoch weniger attraktiv und talentiert erschienen als andere, dann müsse dies, so kam es ihm vor, eine Illusion sein. Vielleicht erklärte sich die Tatsache, daß Erwachsene oft so unangenehm waren, damit, daß sie ihr wirkliches Leben mit anderen Erwachsenen lebten und unter Kindern ihr wahres Selbst verleugneten. Vielleicht wurden häßliche, grausame oder dumme Kinder durch die intensive, ausgleichende Liebe ihrer Eltern allmählich verwandelt. Vielleicht hatten selbst Penner noch Qualitäten, die durch bestimmte Ereignisse freigesetzt werden konnten. In der Grammar School gab es in jeder Klasse mindestens einen sehr guten Jungen oder ein sehr gutes Mädchen;

besonders gescheit oder lebhaft waren sie nicht, aber Lehrer und andere Schüler stellten sie als Vorbild hin und fragten sie in moralischen Belangen sogar nach ihrer Meinung. Ihre Güte war ihnen ins Gesicht geschrieben. Diese Jungen und Mädchen waren in aller Regel blond und blauäugig und hatten traurige, leidenschaftslose Züge. Man wählte sie gern zu Klassensprechern; Sex wurde in Zusammenhang mit oder in Gegenwart von ihnen nie thematisiert. In der High School fiel es ihm nicht mehr so leicht, an einem unangenehmen Jungen ausgleichende oder entschuldigende Eigenschaften zu entdecken. Als die Schüler zum Beispiel in der Abschlußklasse die Besten in unterschiedlichen Kategorien wählen sollten, gab sich ein wenig begabter und verschlossener Junge selbst die Stimme für den besten Dichter. Die Gedichte, die er in der Schulzeitung veröffentlicht hatte, waren allenfalls mittelmäßig, und er hatte weder im Unterricht noch sonst je eine kluge Bemerkung gemacht. Die anderen, die wußten, wie dieser Junge abgestimmt hatte, amüsierten sich darüber; er selbst, der mit überwältigender Mehrheit zum besten Dichter gewählt worden war, konnte zum ersten Mal keine kompensatorischen Qualitäten an einer Person entdecken. In der Armee war der Umgang ruppig. Er entschuldigte das mit der unnatürlichen Lebensweise, die die Soldaten dort führten. Wie sollte man die Tatsache erklären, daß jeder, mit dem er sprach, die deutschen Kriegsgefangenen eingeschlossen, ein Ende des Krieges herbeisehnte, der aber dennoch nicht aufhörte. In der Schule hatte man ihm vom Teufel erzählt, aber auch von individueller Verantwortung. Er hielt es daher für möglich, daß die nationalen Führer der Grund des Übels waren. An seinem ersten richtigen Arbeits-

93

platz hatte er einen Chef, der seine Untergebenen väterlich behandelte. Diese Tatsache, zusammen mit dem Wunsch der Angestellten, sich in den Händen eines gerechten Vorgesetzten zu wissen, brachte die meisten dazu, ihn nett zu finden, obwohl er Leute mit den falschen Aufgaben betraute und ihnen damit ihr Selbstwertgefühl nahm, obwohl er schlechte Arbeit lobte und damit bessere Arbeiter verprellte und obwohl er sich gegenüber leidenschaftlich vorgebrachten Vorschlägen verschloß. Am Ende gestand der Mann seine heimliche Homosexualität, den Alkoholismus seiner Frau und die Probleme eines Sohnes, der (laut Psychiater) voller Aggressionen steckte; das war der erste Mensch, den er für schlecht hielt. Sein literarischer Erfolg förderte in manchen Leuten Eigenschaften zutage, die er zuvor nicht an ihnen bemerkt hatte: Einige umschmeichelten ihn ängstlich, so als wollten sie Kränkungen vorbeugen; andere lauerten darauf, daß er zu weit gehen würde, um ihn dann ihrerseits kränken zu können. Als seine Ehe in die Brüche ging, merkte er, daß die Erwartungen nach ausgleichender Gerechtigkeit nun erfüllt waren. Als er frisch verliebt eines Abends nach dem Einkaufen mit der jungen Frau zu sich nach Hause ging, wurden sie, die Hände voller Tüten, in der Lobby von drei Schwarzen angehalten. Er bot ihnen seine Brieftasche an; der Anführer, der eine Pistole hatte, wies das Angebot zurück und befahl ihnen, in die Wohnung hinaufzugehen. Er weigerte sich. «Soll ich ihr das Hirn wegpusten?» fragte der Anführer. Ein anderer setzte ihm ein Messer an den Hals und sagte: «Beweg dich!» Doch er rührte sich nicht. Da kamen zwei Mitbewohner, und die Schwarzen ergriffen die Flucht. Wenn er die Typen straffrei töten könnte, sagte er sich am nächsten Tag,

94

dann würde er sie einen nach dem anderen mit einem Schuß zwischen die Augen abknallen. Nicht, daß er sie für schlecht hielt, aber sie waren seine Todfeinde, denn sie hatten Demütigungen im Sinn gehabt, die schlimmer waren als der Tod. Später wird er Leute immer weniger nach den Kategorien gut oder schlecht beurteilen. Er wird vielmehr den Eindruck gewinnen, daß Nutznießer ihre Wohltätern als gute Menschen betrachten und Geschädigte ihre Schädiger als schlechte.

Zu Hause brachte man ihm bei, er könne mit seinen Sachen tun, was er wolle, außer sie kaputtmachen oder weggeben. In der Schule galt Geben als gut: Häufig wurden Sammlungen für das Missionswerk durchgeführt, das sich um die Armen, meist Asiaten, kümmerte; und einmal im Jahr wurde Geld für bedürftige Katholiken der Umgebung gesammelt. Was zu Hause der Nächtenliebe am nächsten kam, war die Ermahnung, nichts zu verschwenden. Briet man sich zum Beispiel ein Spiegelei für ein Sandwich und freute sich schon darauf, in das Eigelb zu beißen, das dann zusammen mit der schmelzenden Butter in das Brot einsickern würde, das Ei dann aber schon in der Pfanne aufriß, dann briet man sich kein neues, sondern aß das kaputte Ei. Seine Mutter brachte seine alte Kleidung und die seines Bruders, die er nicht mehr auftragen konnte, dem Rektor der Grammar School, der sie an bedürftige Familien weitergab. Manchmal sah er dann ein vertrautes Kleidungsstück an einem anderen Jungen und fragte sich, ob der Träger wohl wußte, woher es stammte. Er erwähnte seinem Vater gegenüber, daß die Schule die Sachen doch besser mit einer anderen Schule tauschen solle, um Peinlichkeiten zu vermeiden. Sein Vater war von dieser Bemerkung beeindruckt und drängte ihn, dem Rektor diesen Vorschlag zu unterbreiten; er selbst fand, er habe schon gescheitere Bemerkungen gemacht, ohne daß jemand ihn dafür gelobt hätte. Bettler baten ihn häufiger um Geld, wenn er ein Mädchen dabei hatte, und er gab dann auch bereitwilliger. Als ihn das erste Mal eine Frau anbettelte, gab er ihr nichts und bemerkte später, daß er versucht ge-

96

wesen war, ihr alles Geld zu geben, das er bei sich trug. Nach der Heirat wohnten er und seine Frau in einer Siedlung mit ehemaligen Soldaten, die ihre Ausbildung nachholten. Immer wieder kam es vor, daß ein Paar dringend Geld brauchte, weil die staatliche Unterstützung nicht pünktlich eintraf oder ein Baby dringend ins Krankenhaus mußte. Dann wurde stillschweigend eine Sammlung durchgeführt. Das war die erste Form von Wohltätigkeit, über die er nachdachte und die er gut fand: Hilfe unter Gleichen. Nie hatte er jemanden gekannt oder von jemandem gehört, der von einer offiziellen Wohltätigkeitsorganisation Hilfe erhalten hätte, und vermied es, für sie zu spenden. Eine Zeitlang erschienen Artikel über Bettler in den Zeitungen, die Behinderungen vortäuschten und damit eine Menge Geld machten. Er beobachtete Bettler, die durch U-Bahn-Waggons stolperten, überschlug das gesammelte Geld und den Zeitaufwand und kam zu dem Schluß, daß dies kein einträglicher Job war. Als er mit seiner Frau an einem 24. Dezember nach dem Abendessen die letzten Weihnachtseinkäufe machte und es zu schneien begann, trat im Licht der Schaufenster ein ungekämmter, bärtiger Mann zu ihnen. Er gab dem Mann einen Dollar und entschuldigte sich dabei. Er und seine Frau beobachteten ihn von der Straßenecke aus: Die Hälfte der Passanten gab ihm Geld, meist waren es Scheine. Zwei Jahre nachdem er seine Familie verlassen hatte, zog er von einem Junggesellen-Apartment in ein anderes um und engagierte aus Sparsamkeitsgründen Hippies für den Umzug. Er mochte sie wegen ihrer lockeren Art und ihren Bärten; am nächsten Tag entdeckte er, daß sie einen Karton mit Kleidung und Schuhen hatten mitgehen lassen. Am selben Nachmittag bettelte ihn auf der Straße ein Betrunkener um Geld an. «Hau ab!» sagte er. «Gott segne Sie!» erwiderte der Betrunkene. Die Gegend, in der er zeitweilig wohnte, beschrieb ein Freund als typisch für Leute, die im Aufstieg oder im Abstieg begriffen waren. Er fragte sich daraufhin, wie der Freund ihn wohl einschätzte: ein in die mittleren Jahre gekommener Single, dessen Einkommen zum Großteil für die ehemalige Familie draufging. Manchmal, wenn er morgens verkatert bei der Arbeit saß, stellte er sich vor, wie leicht es passieren könnte, daß er Job und Freunde verlöre, von den Verwandten geschnitten würde und schließlich auf gelegentliche Zuwendungen seiner Mutter und seines Bruders angewiesen wäre. Wegen seiner katholischen Erziehung hatte er immer geglaubt, die Hilflosen seien begnadet, doch inzwischen erschienen sie ihm eher als eigensinnige Opfer. Wenn ein Bettler ihn um Geld bittet, geht er ungerührt weiter; er befürchtet, schon eine kleine Gabe seines knappen Geldes könnte ihn zu dem Bettler hinabziehen. Wenn seine Kinder dann endlich erwachsen sind und er frei über sein Geld verfügen kann, wird er mehr Sinn für Nächstenliebe entwickeln. Wenn er dann einer verwirrten alten Frau auf der Straße begegnet, wird er sich fragen, ob sie Kinder hat und, falls ja, warum sie von ihnen getrennt ist: Hat sie die Kinder in jungen Jahren im Stich gelassen, oder haben die Kinder sie im Alter verstoßen? Er wird denken, wie wenig Chancen einer Frau bleiben, die ihre sexuelle Attraktivität verloren hat, und daß es wenig Kameradschaft unter Frauen gibt: Wie bereitwillig sie Kindern und Tieren helfen und wie wenig hilfsbereit sie untereinander sind. Eine alte Frau wird nie eine junge um Hilfe angehen, so wie es ein Alkoholiker nie bei einem Geschäftsmann versuchen wird. Er wird sich selbst nicht als alten Penner sehen; die haben, wenn schon nichts anderes, doch immerhin Haare, er dagegen ist kahl.

Von seiner Mutter bekam er, in vernünftigem Rahmen, alles, was er wollte, so daß er darauf achtete, sie nicht auszunutzen. An manchen Tagen blieb er nach der Schule zu Hause und hängte sich an die Frauen, die seiner Mutter beim Kochen und Saubermachen halfen: Olga, eine kleine Blonde aus Deutschland, die behauptete, Expertin in amerikanischen Kreuzworträtseln zu sein, und Alice aus England mit den dicken Brillengläsern, die jahrelang bei ihrem erwachsenen Sohn in Alaska gelebt hatte. Beide unterhielten sich gern mit ihm und beantworteten seine Fragen. Wenn seine Mutter dann kurz vor dem Abendessen zurückkam, sagte sie, sie sähe es lieber, wenn er den Nachmittag über draußen spielte. Sein Bruder sah auf ihn herab; sein Vater versuchte zwar, ihn anzuleiten, doch sein väterlicher Rat war nutzlos. In der Grammar School konnte er fast alle Lehrerinnen – Nonnen und Weltliche – durch Manieren, Kleidung und Verhalten für sich einnehmen. Ebenso charmierte er die Mütter seiner Freunde und, als er mit Mädchen ging, auch deren Mütter. Er durchforschte die Briefe von Mädchen auf Anzeichen ihrer wahren Gefühle für ihn. Was zum Beispiel hieß es, wenn ein Mädchen schrieb: «Du bedeutest mir viel»? Sex wurde zeitweilig so übermächtig, daß jede kleine Aufmerksamkeit eines Mädchens ihm wichtiger war als die Sorge seiner Eltern. In der High School schienen ihn vor allem die Jesuiten zu mögen, weniger die anderen Lehrer. Seine Freunde unter den Mitschülern waren klein, arm und gescheit; er erzählte ihnen gern von sei-

nen Mädchen, und sie lauschten mit offenkundigem
Interesse. Wenn eine dieser Freundschaften in die
Brüche ging, dann war das nicht wichtig für ihn, sondern eher so, als wollte ein Tier kein Futter von ihm
annehmen. Gab aber ein Mädchen ihm den Laufpaß, so
war er überzeugt, etwas falsch gemacht zu haben. Beim
Militär traf er manchmal auf einen Offizier, der ihn zu
mögen schien. In der Regel waren es die aus der
Schreibstube, jung und gerade mit dem College fertig;
Unteroffiziere dagegen mochten ihn nicht. Einer von
ihnen sagte ihm regelmäßig, er stehe «ganz oben auf
der Abschußliste»; ein anderer drohte, er werde ihn so
lange exerzieren lassen, «bis deine Scheiße Muskeln bekommt». Märsche stand er durch, war ein guter Schütze
und hielt Pritsche, Uniform und Gewehr sauber. Doch
nachdem er eine Zeitlang dabei war, kapierte er, daß es
Aufgabe der Unteroffiziere war, ihn in Positionen zu
bringen, in denen er umkommen konnte; und er spürte,
daß sie wußten, daß er das wußte. Im Jahr zwischen
Entlassung und Heirat fragte er seine Verlobte immer
wieder, ob sie ihn liebe, und fast immer bejahte sie.
Während der ersten Ehejahre glaubte er, seine Frau
liebe ihn, doch als sie anfing, ihm den Sex zu verwei-
gern, glaubte er das nicht mehr. Es lag nicht daran, daß
ihr Sex keinen Spaß gemacht hätte, sie wollte ihm nur
den Spaß verderben. Die Frau, mit der er seinen ersten
Ehebruch beging, war um sein Wohlbefinden bemüht,
soweit das ihren Interessen diente, er wiederum schätzte
es, weil es den seinen diente. Seine zweite Geliebte war
eine schöne, junge, verheiratete Frau, die vorgab, einfach zu sein, und es auch war, die behauptete, in manchen Dingen selbstsüchtig und manipulativ zu sein, und
es in anderen war. Sie erzählte, daß sie als junges

Mädchen manchmal eine Strähne ihres Schamhaars aus dem Badeanzug schauen ließ. «Das hat die Jungs zum Wahnsinn getrieben», sagte sie. Sie versuchte, ihn zu etwas zu bewegen, indem sie nicht mit ihm schlief. Da er sich aber eine Frau voller Verlangen wünschte, verlor er in solchen Situationen das Interesse an ihr. Seine dritte Geliebte sagte ihm, er sei besser im Bett als alle Männer vor ihm und daß sie ihm mehr vertraue als allen anderen. Doch da sie in ihrem Leben so viele Enttäuschungen erlebt hatte, konnten ihn diese Komplimente nicht überzeugen. Die vierte schätzte alles an ihm, was sie aneinanderband; sie machte ihm teure Geschenke und zeigte Interesse für seine Töchter. Am Ende irritierte ihn ihre Aufmerksamkeit ebenso wie einst die seiner Mutter. Er konnte sich der Gefühle dieser Frauen nie sicher sein, denn er hatte den Eindruck, sie seien auf der Suche nach neuen Ehemännern. Dann verliebte er sich in eine junge Frau, die offenbar glücklich verheiratet war. Nachdem er die Ehe auseinandergebracht hatte, begriff er, daß es diese glückliche Ehe gewesen war, die es ihm ermöglicht hatte, sich in die Frau zu verlieben. Als sie später zu streiten begannen, behauptete er, daß ihre Ehe gar nicht so glücklich gewesen sein könne: Glückliche Ehen lassen sich nicht zerstören. Diese Ansicht erklärte er eines Tages der Mutter der Frau, und sie erwiderte: «Aber Sie haben ihr doch gesagt, sie sei die schönste Frau, die Ihnen jemals begegnet ist.» Jetzt vertritt er eine Theorie der romantischen Liebe, in der der Liebende hofft, auch andere als sexuelle Bedürfnisse befriedigt zu bekommen, etwa das nach Geld, sozialem Aufstieg oder persönlicher Anerkennung. Er ist sich dieser Bedürfnisse nicht bewußt, so daß sie sich mit Sex vermischen und zu Obsessionen werden. Werden diese verborgenen Wünsche des Liebhabers nicht erfüllt, so konzentriert er sich mehr und mehr auf Sex; bringt auch das nicht die erwartete Erfüllung, so ist die Liebe zum Sterben verurteilt. Er konnte nicht ergründen, was seine eigenen verborgenen Bedürfnisse gewesen waren. In späteren Jahren wird er zu dem Schluß kommen, daß es mit dem Erfolg in der Liebe genauso ist wie mit Erfolg überhaupt; er ist nur dem vergönnt, der weiß, was möglich ist.

Sein Vater hörte auf, mit ihm zu boxen, als er fünf war. Bis dahin hatte er oft zwischen Vaters Knien gestanden, während dieser, auf der Stuhlkante sitzend, Scheinangriffe machte, parierte und gelegentlich die Kinderfaust auf seinem Gesicht landen ließ. Als er seinen Vater fragte, warum er nicht mehr mit ihm boxe, sagte dieser, er sei zu groß dafür. Mit derselben Begründung nahm er ihn auch nicht mehr auf die Schultern oder hob ihn an den Füßen hoch, bis er kopfunter hing. Er glaubte, es müsse da noch einen anderen Grund geben, konnte sich aber nicht vorstellen, was es sein könnte. Er und seine Freunde kämpften mit Fäusten, wenn es Streit gab oder eine ernsthafte Beleidigung gerächt werden mußte. Kleinere Unstimmigkeiten wurden mit Ringkämpfen ausgetragen. Beim Ringen wurde die Hackordnung in der Gruppe festgelegt. Seine eigene Position war hoch: Keiner der Jüngeren kam gegen ihn an, und er besiegte sogar einige von den Älteren. Seinen größten Erfolg hatte er mit dreizehn gegenüber seinem zwanzigjährigen Bruder. Er stellte eine Tasse Wasser so auf das Oberlicht in seinem Zimmer, daß sie umkippte, sobald man die Tür öffnete. Dann klopfte er bei seinem Bruder, der in seinem Zimmer lernte; das allein war bereits ein verbotener Übergriff. Als er hörte, wie sein Bruder sich erhob, rannte er geräuschvoll zu seinem Zimmer, versteckte sich aber in einem Wandschrank. Sein Bruder betrat das Zimmer, und die Tasse kippte. Nie hatte er seinen Bruder so wütend gesehen. Lange rangen sie miteinander, und schließlich preßte er den Bruder gegen den Boden. Seinen Sieg schrieb er später der Tatsache zu, daß er damals seine Pfadfinderuniform getragen hatte. Während der ersten Woche im College wählte der Sportlehrer, der zugleich die Ringer trainierte, ihn aus, um einige Griffe zu demonstrieren. Bei einem Griff gelang es ihm, Widerstand zu leisten. Der Lehrer preßte, doch er widerstand, und sie gerieten in einen Kampf. Er warf den Lehrer mit einem, wie dieser später der Klasse erläuterte, unorthodoxen Wurf zu Boden. Nach der Stunde forderte ihn der Lehrer auf, der Ringerriege beizutreten. Er gewann seine ersten drei Kämpfe, obwohl er nicht einmal die grundlegenden Techniken beherrschte. Beim vierten kämpfte er gegen einen blinden Jungen. Da ihm der Wille zum Sieg fehlte, wurde er in Rekordzeit niedergerungen, und am folgenden Tag verließ er das Team. Beim Militär titulierte er einen Südstaatler als kleine Hure. Der Soldat forderte ihn zum Kampf. Die gesamte Kompanie schaute zu und spaltete sich in zwei Lager: die aus der Stadt und die vom Land. Der andere boxte, während er mit ihm rang. Aus Nase und Mund blutend, kniete er schließlich auf der Brust seines Gegners und wurde zum Sieger erklärt. Als der Soldat wieder auf die Beine kam, forderte dieser ihn zu einem Duell mit aufgesteckten Bajonetten. Er lehnte ab, worauf die Anhänger seines Gegners diesen zum moralischen Sieger erklärten. Sein Widerwille gegen den Drill in der Armee kurierte ihn über Jahre von dem Wunsch nach derartigem Körperkontakt. Dennoch ist ihm gelegentlich nach einem Ringkampf zumute, und dann empfindet er den physischen Kontakt mit einem Mann als angenehm. Ein alter Freund, mit dem er im College gekämpft hat, wird bei einer Party einen Schaukampf vorschlagen. Er und der

Freund werden schon ziemlich betrunken sein, und er will eigentlich nicht, aber die Frau des Freundes ist anwesend, und er erwägt ein Verhältnis mit ihr. Bei einer anderen Party – der Gastgeber ist Opernsänger, ein schwergewichtiger Bass, einige Jahre jünger als er – wird er sich auf einmal sehr stark fühlen und den Sänger zum indianischen Ringen herausfordern. Der Sänger wird grinsend in Kampfstellung gehen und ihn allein mit dem Handgelenk in die Knie zwingen. Das wird das erste Anzeichen von Altersschwäche sein. Oft wird er im Bett seine Kräfte mit Frauen messen; dabei geht es um das Zurücknehmen und Ausweichen. Eines Abends, er wird dann Mitte fünfzig sein, wird er eine Frau lieben, die fünfzehn Jahre jünger ist als er; es wird ein Gerangel geben, wer oben liegt. Die Kraft dieser Frau wird ihn erschrecken und gleichzeitig amüsieren, und obwohl er gewinnen wird, wird er sich fragen, ob nicht andere Frauen ihre Stärke vor ihm verborgen haben, um ihm zu schmeicheln. Bei der Parkplatzsuche wird er einmal einem Cadillac, der vor ihm da war, die Parklücke weg-schnappen. Der Fahrer wird wütend hupen, aussteigen, ihn am Revers packen und drohend die Faust heben. Er wird zunächst gebannt auf den Goldring am kleinen Finger des Cadillacfahrers starren und dann im Gesicht des Mannes verfolgen können, wie dessen Wut sich in Beschämung verwandelt; er ist einfach zu alt, um ein echter Gegner zu sein.

Nachdem er einen Film über das verbotene Öffnen eines Pharaonengrabs gesehen hatte, wollte er Ägyptologe werden. Sein nächster Berufswunsch war Astronom. Nachts allein den Himmel mit einem Fernrohr nach Sternen absuchen, das würde ihm liegen. Sein dritter Ehrgeiz galt der Chemie. Zu jedem Weihnachtsfest erhielt er einen anspruchsvolleren Experimentierkasten. Als er den letzten bekam – aufwendig untergebracht in einem Holzkasten mit Scharnieren und ganze 25 Dollar teuer –, begann er bereits, sich selbst einzelne Chemikalien beim Drogisten zu besorgen. Weil er noch so jung war, weigerten sich die meisten, ihm giftige Substanzen oder Säuren zu verkaufen, aber schließlich fand er einen ihm wohlgesinnten Drogisten, der ihm sogar bestellte, was er nicht vorrätig hatte. Aus Schwefel, Holzkohle und Kaliumnitrat stellte er Schießpulver her, mit dem er auf der Fensterbank oder in seiner Badewanne grelle Feuer entfachte. Anschließend produzierte er Nitrozellulose, einen ziemlich wirksamen Sprengstoff. Er füllte ihn in Glasröhrchen ab und zündete sie, wenn seine Eltern nicht zu Hause waren, mit Lunten aus Papier. Er kaufte sich ein Buch über Sprengstoffe, in dem er auch eine Anleitung zur Herstellung von Nitroglyzerin fand. Obwohl er über die nötigen Zutaten und Vorrichtungen verfügte, traute er sich nicht, es herzustellen, denn das Buch warnte vor unkontrollierten Selbstentzündungen, falls das Nitroglyzerin nicht absolut rein sei. Sein liebstes Experiment, das er auch Freunden vorführte, war die Demonstration einer Selbstentzündung. Er tröpfelte etwas Glyzerin auf ein Häufchen Kaliumpermanganat, und innerhalb von ein bis zwei Minuten begann die Mischung zu qualmen und Flammen zu bilden. Eines Abends, als seine Eltern im Wohnzimmer saßen, gab er Glyzerin und Kaliumpermanganat in ein Schraubglas, tat es in eine geschlossene Metallschachtel und schob sie seinen Eltern mit der Warnung hin, daß sie gleich explodieren werde. Und tatsächlich hob die Explosion die Schachtel ein paar Zentimeter in die Luft. Sein Vater war wütend, sagte aber bloß, er solle solchen Unsinn künftig lassen. Kurz darauf füllte er Kaliumpermanganat und Glyzerin in einen Glaszylinder, den er verkorkte und auf die Markise des Lebensmittelladens zwei Stockwerke unter seinem Fenster fallen ließ. Die Markise fing Feuer, und der Ladenbesitzer erwischte ihn bei dem Versuch, den Brand von seinem Fenster aus mit Wasser zu löschen. An jenem Abend packte sein Vater alle Chemikalien zusammen, um sie am nächsten Morgen im Müllschlucker zu versenken. Er stand im Morgengrauen auf, packte alles wieder aus und rettete seine kostbarste Substanz, eine Unze Quecksilber. Er liebte es zuzusehen, wie es sich auf einer planen Oberfläche in winzige Kügelchen zerteilte und dann wieder zu größeren Einheiten zusammenschloß. In den letzten beiden Klassen der Grammar School sagte er Gedichte auf und spielte in Theaterstücken, die für die Eltern aufgeführt wurden. Er erntete damit so viel Lob, daß er in Anthologien nach geeigneten Gedichten und Prosapassagen suchte, die er rezitieren konnte. Sie auswendig zu lernen und aufzusagen vermittelte ihm ein Gefühl der Harmonie mit den Wörtern. Im dritten Jahr der High School verfaßte er eine realistische Beschreibung seiner Mitschüler: wie schlecht sie rochen und daß sie Pickel ausdrückten und masturbierten. Der Aufsatz war ein großer Erfolg. Er schrieb auch Gedichte

107

für ein Mädchen, in das er sich verliebt hatte. Sie sagte, sie bedeuteten ihr viel. Am Ende der Schulzeit stand sein Entschluß, Schriftsteller zu werden, fest. Als er den Wunsch seinem Vater eröffnete, sagte dieser, er müsse sich schon für etwas Praktischeres entscheiden, wenn er aufs College gehen wolle. Dann würde er eben Lehrer werden, log er. Zeitweilig liebäugelte er mit dem Beruf des Photographen, mußte aber einsehen, daß er vor allem für seine entstellenden Aufnahmen von Verwandten und Freunden gerühmt wurden (manchmal setzte er in der Dunkelkammer sogar besondere Techniken ein, um schmeichelhafte Porträts zu verunstalten). Schriftstellerischen Erfolg hatte er erst, als er witzige Geschichten über seine Eheprobleme zu schreiben begann. Ihm schienen das zutreffende Karikaturen von ihm und seiner Frau zu sein; seine Frau jedoch begriff, daß sie darin als unzulängliche Partnerin und er als ihr Opfer dargestellt wurde. Während der Arbeit an seinem ersten Roman gewann er den Eindruck, literarische Produktion sei eine Form der Rache und eine Fortführung seines frühen Interesses an Sprengstoffen. Einige Jahre nach dem Scheitern seiner Ehe verliebte er sich. Die Erfahrung lockerte ihn innerlich so auf, daß er hoffte, künftig freundlicher über Menschen schreiben zu können, doch er empfindet nach wie vor nur für sich selber Mitleid, während er anderen gegenüber Groll hegt. Mit der Zeit wird er merken, daß die anderen es genauso schwer im Leben haben wie er selbst. Er möchte diese Einsicht in Literatur umsetzen, doch es wird ihm nicht gelingen.

Nachdem er von der Privatschule geflogen war, ging er in eine staatliche Schule, wo man ihn aufforderte, an Aktivitäten außerhalb des Stundenplans teilzunehmen. Er trat der Theatergruppe bei und bekam im nächsten Stück die Rolle des Helden. Alec, der stimmlich und von der Physiognomie her für den komischen Part prädestiniert war, freundete sich mit ihm an. Er mochte Alec, aber nicht im selben Maß, wie Alec ihn mochte. Alec vergötterte ihn, machte viel Aufhebens um die Geschichten und Gedichte, die er schrieb, und präsentierte ihn seinen Freunden als Genie. Er fühlte sich überschätzt, doch das regte ihn an, was Alecs Bewunderung für ihn um so mehr steigerte. Im Anschluß an die High School ging Alec auf ein zweitklassiges College, er auf ein erstklassiges. Sie traten im selben Jahr in die Armee ein. Alec kam zu einer Einsatztruppe, er zum Sprachtraining. Nach dem Krieg erzählte ihm Alec, daß er mehrmals knapp dem Tod entronnen sei. Einmal, an der Front, hatte der Unteroffizier alle Schützengräben abgeklappert, um Freiwillige für eine gefährliche Mission zu finden. Alec hatte abgelehnt. Der Unteroffizier sagte, er habe von einem Juden auch nichts anderes erwartet. Darauf erwiderte Alec, daß er abgelehnt habe, weil er ein Feigling, und nicht, weil er Jude sei. Nach sechs Monaten im Kampfgebiet wurde Alec zur Erholung geschickt. Aus freien Stücken konsultierte er einen Psychiater und sagte ihm, er könne keine weiteren Gefechte mehr ertragen. Der Psychiater erwirkte eine Versetzung zur Militärpolizei. Der Psychiater war Jude, und am nächsten Tag bedankte sich Alec noch einmal und sagte ihm, daß er auch Jude sei. Wenn er das gewußt hätte, sagte der Psychiater, hätte er Alec zurück ins Kampfgebiet geschickt: Unser Volk hat in diesem Krieg eine besondere Pflicht zu erfüllen, sagte er. Alec heiratete ein intelligentes, zierliches Mädchen, das flüsternd sprach, Gedichte schrieb und malte. Sie redete gern in Paradoxen, worauf sie zu lächeln und zu schielen pflegte. Sie und Alec beschützten einander. Das machte ihn eifersüchtig, denn er fühlte, wie seine eigene Frau ihm allmählich zum Feind wurde. Als sie sich eines Abends zu viert trafen, schlug Alecs Frau vor, für diese Nacht die Partner zu tauschen. Alec, dessen Frau und er willigten ein, nur seine Frau weigerte sich mit der Begründung, sie nähme ihr Ehegelübde ernst. Als er und seine Frau gingen, flüsterte ihm Alecs Frau zu, daß man Affären wohl besser zu zweit als zu viert arrangierte. Eine Woche danach traf er sich, nachdem er ein Zimmer in einem Motel reserviert hatte, mit Alecs Frau auf einem Parkplatz in der Nähe ihrer Wohnung. Als er bei ihr im Wagen saß, fragte er sie, wo Alec sie jetzt vermute. «Bei dir», sagte sie. Er entschuldigte sich und ging nach Hause. Zu jener Zeit verdiente Alec viermal soviel wie er und bot ihm einen gutbezahlten Job an. Es war ihm danach unmöglich, weiter mit Alec befreundet zu sein. Seine und Alecs Ehen gingen etwa zur selben Zeit in die Brüche. Beide zogen sie zu Hause aus, er in das leerstehende Apartment eines Freundes, Alec in ein Hotelzimmer. Dort starb Alec einen Monat später bei einem Hotelbrand, der in Alecs Zimmer ausgebrochen war. Er begab sich in psychiatrische Behandlung, und aus dieser therapeutischen Stimmung heraus lud er Alecs Witwe jeden Dienstag zu sich zum Essen ein. Er be-

kochte sie, offerierte Wein, ließ sie reden und unterbrach sie nur gelegentlich mit einem Ratschlag. An zwei
aufeinanderfolgenden Dienstagen schliefen sie miteinander; am dritten sagte er ihr, daß sie das nicht mehr tun
sollten. «Verstehe», sagte sie, «wegen Alec.» Er nickte.
Bald darauf hörten die Treffen bei ihm auf, aber sie lud
ihn noch oft zum Mittag- oder Abendessen ein. Ihre
heranwachsenden Kinder irritierten ihn, zwei hübsche
Töchter, die eine Schwäche für seltsame Klamotten und
bewußtseinsverändernde Drogen hatten. Alecs Witwe
hat jetzt einen jugendlichen Liebhaber, mit dem sie sich
kreativ betätigt. Sie macht Videoaufzeichnungen von
ausgefallenen Singspielen, in denen ihre Töchter agie-
ren. All ihre schöpferischen Produktionen kreisen um
das Thema, daß Vernunft und Wahnsinn austauschbare
Konzepte sind. Ihr Heim entwickelt sich allmählich zu
einer Zufluchtsstätte für gestörte Menschen, die sie the-
rapiert. Sie wird ihm Kopien ihrer Werke zuschicken:
Tonbänder, photokopierte Zeichnungen, im Selbstverlag
produzierte Bücher. Sie wird sich nach seinem Geistes-
zustand erkundigen, und er wird Probleme für sie erfin-
den. Sie wird anbieten, ihn durch neue Meditationsme-
thoden, yoga-ähnliche Übungen und ihre Einsicht in
die Problematik der menschlichen Befindlichkeit zu hei-
len. Mit der Zeit wird er sich immer mehr von ihr fern-
halten. Durch Freunde wird er erfahren, daß sie mit
einer ihrer Töchter nach Südamerika gezogen ist. Alles,
was er aus der ganzen Sache wird folgern können, ist,
daß es das Leben mit ihm besser gemeint hat als mit
Alec.

An Weihnachten schenkte ihm eine Tante einmal ein Zweieinhalbdollarstück aus Gold. Die Münze war kleiner als ein Zehncentstück. Seine Mutter befürchtete, er könnte es verlieren, und wechselte es auf der Bank in Pennys. Die Pennys machten ihm Spaß; er häufte sie zu Stapeln, die Festungen darstellten, und griff mit Armeen aus Murmeln an. Als er die Lust daran verloren hatte, bat er seine Mutter, die Pennys in Fünfcentstücke zu wechseln. Er mochte deren Festigkeit und matten Glanz und zog die Indianerköpfe mit den langen Nasen und Federn dem tugendhaften Profil auf dem Liberty Quarter vor. Schließlich tauschte er die Fünfer wieder in fünfundzwanzig Zehner, die er ausgab. Viermal im Jahr fuhr sein Vater an die Westküste und brachte ihm und seinem Bruder je einen Silberdollar mit. Als er fünf oder sechs zusammen hatte, gab er sie aus. Da Silberdollars aus einer Legierung bestanden und vorwiegend im Westen benutzt wurden, riefen Verkäufer in Läden und an Kinokassen manchmal ihre Chefs, um die Echtheit der Münzen bestätigen zu lassen. In dem Sommer, als er acht war, bat er seine Mutter, ob er neben dem allabendlichen Fünfcentstück für Süßigkeiten und Eis nicht ein wöchentliches Taschengeld bekommen könnte. Man einigte sich auf fünfzehn Cent, und seine Mutter ermahnte ihn, das Geld zu sparen und keinesfalls auf einmal auszugeben. Dennoch kaufte er sich für sein erstes Taschengeld und den Fünfer eine Cola, eine Eistüte, einen Schokoriegel mit Erdnußbutter und ein gefrorenes Milky Way. Anschließend übergab er sich vor dem Kiosk. In der Stadt bekam er von seiner Mutter an jedem Schultag fünf Cent, die er auf dem Heimweg für sein Mittagessen ausgab: drei Cent für die Zeitung und zwei für einen unverpackten Schokoriegel mit Nüssen. Sein bester Freund in der Grammar School hatte nie eigenes Geld, aber sie trennten sich vor dem Süßigkeitenladen, damit es nicht zu Peinlichkeiten kam. Er schien über mehr Geld zu verfügen als die anderen. In der High School konnte er mit dem Geld, das ihm seine Mutter für Fahrt und sonstige Ausgaben zusteckte, einen Jungen seiner Wahl nach der Schule zu Kaffee und Hamburger einladen, und zwar in seinen Lieblingsimbiß, der «Hamburger mit College-Abschluß» anbot. Das war während der Depression, und die zwölf Cent, die einer kostete, waren eine Menge Geld. Beim Militär bekam er fünfzig Dollar pro Monat; innerhalb von zwei Wochen waren sie ausgegeben. Um auch weiterhin an Bier und Zigaretten zu kommen, verpfändeten er und seine Freunde in der Stadt ihre Uhren für zehn oder fünfzehn Dollar das Stück, um sie dann beim ersten Ausgang nach dem Zahltag wieder auszulösen. Die letzte Habe, die kurz vor dem Zahltag ins Leihhaus wanderte, war der silberne Glücksdollar seines besten Freundes. Er und seine Freunde erklärten der netten Verkäuferin im PX, daß sie pleite seien: Wäre es wohl möglich, mit dem glücksbringenden Silberdollar Bier und Zigaretten zu kaufen und ihn in ein, zwei Tagen wieder auszulösen? Viele der Verkäuferinnen im PX waren mit auswärts stationierten Soldaten verheiratet und hatten Verständnis für die Bedürfnisse der Männer; die meisten willigten ein. Zu seiner Hochzeit schenkte ihm sein Vater tausend Dollar. So viel Geld hatte er noch nie besessen, und er zögerte, es auszugeben. Er fand, es solle unangetastet bleiben, so als gehöre es ihm gar nicht. Dennoch ging es, ohne besonderen Spaß, mit der Zeit für Alltägli-

113

ches drauf. Eines Abends lud er seine Frau und ein anderes Ehepaar in einen Club zum Abendessen ein. Als die Rechnung kam, zog er aus der Innentasche seines Jacketts eine Brieftasche aus Krokodilleder und entnahm ihr ein Bündel Scheine, die aus Zeitungspapier ausgeschnitten waren und wie alte Fünfpfundnoten aussahen. Er faltete sie feierlich auseinander, wie er es in englischen Filmen gesehen hatte. Dann legte er drei Scheine auf die Rechnung und steckte den Rest in seine Brieftasche zurück, die er wieder in sein Jackett gleiten ließ. Seine Frau und die Freunde begriffen den Scherz, doch der Kellner rief den Geschäftsführer, der neben ihm stehenblieb, bis die Rechnung mit grünen, amerikanischen Banknoten beglichen war. Seine Frau verdiente mit, und sie hatten eigentlich genug Geld, um angenehm zu leben, doch sie kam aus ärmlichen Verhältnissen, wo jeder, der etwas auf die Seite legte, dafür bestraft wurde, indem man bei der nächsten Familienkrise auf seine Ersparnisse zurückgriff. Deshalb, und wegen ihrer Eheprobleme, konnten sie nichts zurücklegen, nicht einmal für gemeinsam beschlossene Anschaffungen. Statt dessen gaben sie das Geld in gegenseitiger Feindseligkeit aus. Als er seine Familie verließ, akzeptierte er die Unterhaltszahlungen und lebte von der Hand in den Mund. Zwei Wochen lang schrieb er allabendlich an einem Filmskript für einen ausländischen Regisseur. Um die Steuer zu umgehen, ließ er sich in bar mit drei Fünfhundertdollarnoten bezahlen. Als er den Regisseur daraufhin zum Essen einlud, legte er einen der Scheine auf den Teller mit der Rechnung. Gemeinsam beobachteten sie, wie der Kellner stutzte und sagte: «Solche hab ich schon mal gesehen.» Jetzt, wo seine Kinder groß sind und seine frühere Frau auf weiteren Unterhalt verzichtet hat, geht es ihm finanziell recht gut. Er sammelt

Pennys in einer großen Salatschüssel, in der er genüßlich wühlt und die er gern seinen Freunden zeigt. Er beabsichtigt, sie eines Tages einem Kind zu schenken, das ihn besuchen kommt. Seine Leidenschaft für Vierteldollar- und Zehncentstücke hat er verloren, seit sie einen Kupferkern und den entsprechend falschen Klang haben. Da die Preise Jahr für Jahr steigen, hat er Bedenken, sein Geld zu sparen, wird es aber dennoch tun, genauso wie er früher Bedenken hatte, sein Geld auszugeben, es aber dennoch getan hat.

Wenn sein Vater von der Arbeit nach Hause kam, gab
ihm seine Mutter an der Tür einen Kuß. Manchmal
machte sie dann eine Bemerkung, daß er getrunken
habe; sein Vater bestätigte das und erklärte, er sei auf
dem Heimweg noch kurz mit ein paar Kollegen einge-
kehrt. Seine Mutter trank keinen Alkohol; sie behauptete, sie bekomme davon Herzklopfen. Bei seinem Vater
mochte er den Geruch von Schnaps, aber bei niemandem sonst. Die Bungalows in der Feriensiedlung standen dicht beieinander; einige der kinderlosen Paare
tranken an Wochenenden, besuchten sich bis spät in die
Nacht hinein und bespritzten sich manchmal im Spaß
mit Sodawasser. In einem Sommer nahmen seine Eltern
eine Frau aus der Stadt mit, die bei der Hausarbeit helfen sollte. Gleich am ersten Tag trank sie die Ginflasche
leer (die sie, wie sein Vater später feststellte, mit Wasser
auffüllte) und wurde am nächsten Tag zurückgeschickt.
Er und ein Freund verkauften am Strand gekühlte Bier-
dosen an Angler aus der Stadt. Einmal blieben sie auf
zehn Dosen sitzen, die sie lieber austranken, als sie
zurückzutragen. Sie kicherten, ließen sich in den Sand
fallen, torkelten im seichten Wasser herum und waren
sich anschließend einig, daß sie viel Spaß hatten. Im
zweiten Jahr der High School hatten er und ein paar
Mitschüler sich angewöhnt, nachmittags in ein Kellerlo-
kal zu gehen; sie gaben ein falsches Alter an, tranken
Tom Collinses und besprachen die Verführung der beiden rosigen Töchter des Besitzers, die in Bauerntracht
bedienten und mit fortschreitendem Nachmittag immer

116

zugänglicher wurden. An einem Wochenende, als der Rest der Familie am Strand war, trank er zwei Drittel einer noch zu einem Fünftel vollen Whiskeyflasche. Er betrank sich nicht, nippte nur hin und wieder, hörte Radio, döste, schrieb Gedichte und Briefe. Am Montag entdeckte seine Mutter die nahezu leere Flasche und flehte ihn unter Tränen an, nicht zu trinken; ihr Vater sei am Alkohol zugrunde gegangen, sagte sie. (Jahre später erzählte sie ihm, ihr Vater hätte die Familie eines Tages verlassen und sei nie mehr zurückgekehrt.) Wenn er manchmal von Verabredungen betrunken nach Hause kam und seine Eltern noch wach waren, blieb er noch einen Moment unter der Tür stehen und berichtete, wie der Abend gewesen war. Einmal fragte er seine Mutter, ob sie bemerkt habe, daß er bei solchen Anlässen betrunken war, und sie verneinte. Beim Militär brachte er sich von einem dreitägigen Ausgang einmal eine Flasche Pfirsich-Brandy mit. Da er im obersten Bett schlief, konnte er sie auf dem Bord hinter seinem Kopfkissen verstecken. Er nahm jeden Morgen einen Schluck, bis die Flasche leer war. Das half ihm über die erste Stunde hinweg, die immer die schlimmste war. Er erwog, Alkoholiker zu werden, um damit seine Entlassung zu erwirken (das war immer noch besser als Homosexualität, der am häufigsten diskutierte Weg zur vorzeitigen Entlassung). Er bezweifelte jedoch, daß er die nötigen Mengen an Alkohol würde beschaffen können. Seinen ersten Roman schrieb er mit Hilfe von Bier. Er trank eine Dose nach der anderen, bis er wirres Zeug schrieb, was in der Regel auf der dritten Seite, zwischen der vierten und fünften Dose, der Fall war. Nachdem er seine Familie verlassen hatte, trank er viel. An den Morgen danach kam es ihm vor, als seien ihm die Abende zerronnen, ohne daß er etwas gedacht oder erlebt hätte. An einem Morgen nach einer feucht-fröhlichen Party entdeckte er, daß sein Wagen beschädigt war: Das Schiebedach war zerrissen, die Kühlerhaube verbeult, und an einem Kotflügel hing ein Stück einer Holzplanke. Zunächst dachte er, der Schaden sei in der Nacht passiert, während das Auto draußen geparkt war, doch dann erinnerte er sich schwach, auf der Autobahn durch eine unbewachte Polizeisperre gefahren zu sein. Während er versuchte, sich die Ereignisse zu vergegenwärtigen, wurde ihm bewußt, daß das Hindernis ebensogut eine Steinmauer hätte sein können, und für eine Weile hielt er sich mit dem Trinken zurück. Sein Alkoholkonsum beunruhigt ihn, und er redet mit seinem Arzt darüber. Dieser betastet seine Leber und rät, sich auf jeden Fall zu mäßigen, wenn er das Gefühl habe, zuviel zu trinken. Je älter er wird, desto weniger wird er trinken, um, wie er sagt, den Schwund seiner geistigen Kräfte auszugleichen. Alkohol wird ihm Sodbrennen verursachen, und er wird befürchten, sich im Schlaf zu übergeben und daran zu ersticken.

Protestantische Kinder waren anders als katholische oder jüdische: Protestantische Kinder erzählten nie, was bei ihnen zu Hause los war, bekamen selten Besuch von anderen, mußten nicht ständig etwas zu tun haben und kamen mit ihren Familien gut aus. Protestantische Eltern lächelten, waren aber nicht wirklich freundlich. Er mochte protestantische Kinder, wurde aber nie so vertraut mit ihnen wie mit den katholischen oder jüdischen. Obwohl er in einem jüdischen Viertel aufwuchs, wohnten wenige Juden in seinem Block. Er erklärte sich das damit, daß das Haus einen Garten, aber keine Aufzüge hatte. Er wußte, daß die jüdischen Kinder jüdisch waren, aber es war nie ein Thema zwischen ihnen. Niemand störte sich an Ausdrücken wie «schachern» für «einen besseren Preis erzielen», oder wenn man sagte, man ginge zum «Judenjungen», und damit den Süßwarenladen meinte, dessen Besitzer ein törichtes Raubvogelgesicht und einen Akzent hatte. Sein bester Freund in der Stadt sagte eines Tages: «Ich glaube, ich bin jüdisch, meine Mutter ist Jüdin.» Seither glaubte er zu wissen, warum in der Wohnung seines Freundes ständig dieser Essensgeruch hing. Sein Vater und die Familie seines Vaters waren protestantisch und verdrießlich; die Geschwister seines Vaters hatten nie Geld, waren aber zu stolz, minderwertige Arbeiten anzunehmen, und wurden mehr oder weniger von seinem Vater ausgehalten. Nachdem er von der katholischen High School geflogen war und auf eine staatliche Schule kam, waren alle seine neuen Freunde Juden. Das fand er erst allmählich heraus: Einmal zum

119

Beispiel besuchte er mit einem Freund einen anderen Freund zu Hause und sah dort hebräische Bücher. Später fragte er dann den ersten Freund, ob der andere Jude sei. «Ja, so wie ich», erwiderte der. Von da an mußte er die beiden Freunde nicht mehr so ernst nehmen; ihre Vorzüge wurden dadurch in gewisser Weise geschmälert, denn er war überzeugt, daß alle Juden hart an sich arbeiteten, wohingegen er an Katholiken verborgene Talente zu entdecken pflegte. Immer mehr seiner Freunde waren Juden. Er erzählte ihnen alles über sich selbst, und auch sie schienen ihm alles über sich zu erzählen. Sie waren gebildet, belesen, witzig, und sie bewunderten ihn, während er insgeheim auf sie herabsehen konnte. Beim Militär einem Juden zu begegnen war ein seltener Glücksfall, besonders wenn dieser aus einer Großstadt kam. Sein engster Freund auf einem der Posten war ein großer, hagerer, dicklippiger Jude mit kleinem Kopf. Als er eines Abends mit dem Freund an einem Campingtisch hinter dem PX Bier trank, tauschten zwei Gefreite vom Land laut ihre antisemitischen Vorurteile aus. Er schien sich darüber mehr aufzuregen als der Freund und versicherte diesem, daß er Juden für herzliche, aufgeschlossene und intelligente Menschen halte. Erst später merkte er, daß das auch bloß Klischees waren. Er hatte nie von Vorurteilen gegen Katholiken gehört, bis ihm einmal nach dem Krieg ein protestantischer Student in einer Bar von seinen Heiratsplänen erzählte: «Aber meine Mutter ist jedesmal dagegen», sagte er. Eine seiner Freundinnen war katholisch gewesen. «Da allerdings muß ich Mutter im nachhinein recht geben. Es wäre ein Fehler gewesen, sich mit diesen Katholiken einzulassen.» «Was meinst du damit?» fragte er. «Ach, du weißt schon», erwiderte der Student, aber damals wußte er nicht. Ein paar Jahre später, nachdem sein Vater gestorben war, traf er sich wie jeden Monat mit seiner Mutter und seinem Bruder in einem Restaurant zum Mittagessen. Sein Bruder erzählte, er habe sich aus dem Staatsarchiv die Unterlagen über den Großvater väterlicherseits aus dem Bürgerkrieg schicken lassen. Daraus sei zu entnehmen, daß er sich zwei Wochen lang unentschuldigt von der Truppe entfernt und ein österreichisches Gewehr veruntreut habe, weshalb er zu einer Geldstrafe verurteilt worden sei. «Und da war noch etwas, das euch interessieren wird», sagte sein Bruder. «In dem Formular, mit dem er seine Pension beantragte, mußte er Geburtsnamen, Geburtsort und Beruf seiner Mutter angeben. Sie hieß Caroline Isaacs, stammte aus London und war Putzmacherin. Der Großvater war also Jude, zumindest Halbjude.» Sie fragten ihre Mutter weiter aus, und sie sagte: «Na ja, Daddy und ich haben sowas gewußt, aber er hat nie darüber gesprochen.» An jenem Abend rief er jemanden an, der sich mit dem Judentum auskannte, und erkundigte sich, wie er im Deutschland der 30er Jahre eingestuft worden wäre. Der Experte sagte: «Ein Viertel von dir hätte als Jude gegolten, ein Sechzehntel nicht, und der Rest hätte davon abgehangen, inwieweit du mitgespielt hättest.» Er erzählte seinen Töchtern, daß sie vermutlich teilweise jüdisch seien; sie erzählten es ihren Freunden, und einige von ihnen veranstalteten eine Party mit jüdischem Essen und Wein. Später erinnerte er sich, daß die einzigen antisemitischen Sprüche, die er je zu Hause gehört hatte, von seinem Vater stammten, der nur widerwillig für eine jüdische Firma arbeitete und mit dem jüdischen oder halbjüdischen Vater nicht zurechtgekommen war. Er glaubt, daß Juden sich innerlich ihr Anderssein bewahren wollen, während sie sich äußerlich den Nichtjuden anpassen und

121

damit ihre Chancen verbessern. Ferner glaubt er, daß Protestanten gut sein wollen, ohne auf die Annehmlichkeiten dieser Welt verzichten zu müssen, und daß Katholiken an dem Glauben hängen, die Welt könne verändert werden, damit sie selbst sich nicht bessern müssen. Mit fortschreitendem Alter wird er bemerken, daß seine Zeitgenossen sich vorwiegend mit ihresgleichen abgeben und Außenseiter meiden. Für ihn wird das nicht so einfach sein, denn seinesgleichen werden selbst auch als eine Art Außenseiter angesehen. Dennoch wird er ihre Gesellschaft suchen, denn er spricht gerne über Kindheit und Jugend und möchte dann von seinem Gegenüber auch verstanden werden. Die anderen Lebensbereiche, so findet er, werden ohnehin ausreichend diskutiert, während man sie durchlebt.

Eines Abends erzählte sein Vater eine lustige Geschichte über einen Freund, der versucht hatte, Kazoo spielen zu lernen, es aber nicht schaffte. Sein Vater war selten witzig, und er erzählte diese Geschichte auf Wunsch immer wieder. Manchmal nahm ihn sein Vater zu einem Essen mit Kollegen mit; sein Vater lachte in Gesellschaft dieser Leute mehr als zu Hause. Wenn er seiner Mutter einen Witz erzählte, sagte sie, das sei lustig, lachte aber nicht. Ihr ein Lächeln zu entlocken war einfach, denn sie war stolz auf ihn. Seinen Vater konnte er leicht zum Lachen bringen, denn der war jedesmal von neuem überrascht, wenn er etwas Komisches tat oder sagte. In der Schule war es eine besondere Befriedigung, einen Mitschüler zum Lachen zu bringen, so daß dieser vom Lehrer einen Verweis bekam. Das konnte durch einen geschickt eingesetzten Kommentar oder eine Grimasse erreicht werden oder auch, indem man denjenigen veräppelte, der gerade aufgerufen wurde. Er verfügte über ein großes Repertoire an Witzen und wurde gebeten, sie immer wieder zu erzählen. Sein Lieblingswitz handelte von einem amerikanischen Touristen in England, dem man erklärt hatte, daß dort ein Mann, der in der ersten Reihe eines Theaterbalkons saß, ins Orchester pinkeln dürfe. Als der Amerikaner das tat, kam eine Stimme von unten: «Könnten Sie ihn nicht vielleicht ein bißchen schwenken, sonst kriege ich alles allein ab.» Er konnte seine Freunde aber auch ohne Witze zum Lachen bringen, etwa indem er sich steif machte und einen Anfall simulierte, indem er sich eine Zigarette ins Ohr steckte und den Rauch ausatmete, den er im Mund behalten hatte, oder, wenn Mädchen anwesend waren, indem er seinen Hosenladen öffnete und einen Hemdenzipfel herauszog. Als er einmal mit seinem Freund Alec in einer Cafeteria ein Schinkensandwich aß, drückte er das hintere Ende des Sandwichs, als er in das vordere hineinbeißen wollte. Die Vorderseite öffnete sich wie ein Mund. Daraufhin schloß er den Mund, und das Sandwich tat es ihm nach. Das wiederholte er ein paarmal, und die Leute an den umliegenden Tischen lachten. Als er einmal mit Freunden herumkasperte, nannte ihn ein Neuankömmling einen Idioten; daß dieser Junge später im Krieg fiel, schien ihm nur natürlich. Als er um das Mädchen warb, das später seine Frau werden sollte, konnte er ihre Schwestern jederzeit zum Lachen bringen und unterhielt sie oft noch stundenlang in der Küche, während die Eltern längst im Bett waren. In der ersten Zeit seiner Ehe brachte er seine Frau auch weiterhin zum Lachen, indem er Grimassen oder obszöne Gesten machte oder eines ihrer Kleidungsstücke anzog. Nach der Geburt ihres ersten Kindes wurde ihr Lachen immer seltener. Als seine Kinder Babys waren, brachte er sie dadurch zum Lachen, daß er plötzlich verschwand und wieder auftauchte. Als sie sprechen konnten, forderte er eines dazu auf, ernst zu bleiben, während er ein bestimmtes Wort sagte. Meist begann das Kind schon zu lachen, während es das Wort erwartete. Besonders erfolgreich war dabei das Wort *Bauchnabel*. Ein Teil des Spaßes bestand darin, daß das Kind nicht wußte, ob er Bauchnabel sagen würde oder nicht. Einmal, als er das Spiel mit seiner jüngeren Tochter spielte, forderte ihn die Ältere, die bereits den Spaß daran verloren hatte, zu einer Partie heraus. Ihr Wort war *Mumpitz*; aus Höflichkeit lachte er, war aber schockiert. Als seine Frau ihn mehrmals dabei erwischte, wie er mit einer jungen Frau am Telefon lachte, sagte sie: «Was für eine Ehe ist das, wo ich nur deine Tränen bekomme und eine andere dein Lachen?» Und als sie entdeckte, daß er mit einer anderen schlief, sagte sie: «Nicht der Sex stört mich, sondern euer gemeinsames Lachen.» Jahre später, nachdem er sich verliebt hatte und mit der Freundin kurz vor der Sperrstunde in einer Bar saß, sagte ihm ein Betrunkener, aus dieser Beziehung könne nie etwas werden, dazu hätten sie viel zuviel Spaß miteinander. Diese Frau konnte er nicht beliebig zum Lachen bringen. Wenn er ihr einen Witz erzählte, grunzte sie bloß. Manchmal amüsierte sie sich über ihre eigenen Gedanken und lachte dann lange, ohne ihm zu erzählen, was so komisch war. Er hat den Eindruck, daß die Leute nicht mehr soviel lachen wie früher. Wenn er manchmal mit Freunden Marihuana raucht, lachen sie wie die Kinder. Seit seine Mutter senil geworden ist, kann er sie zum Lachen bringen, indem er sich auf ihre Verwirrung einläßt. Sie wird zum Beispiel zu ihm sagen: «Heute habe ich zwei Hunde am Eingang gesehen», was unmöglich ist. «Einen hellen und einen dunklen?» wird er sie fragen. «Ich glaube schon», wird sie erwidern. «Hießen sie zufällig ...», und er wird die Namen seiner früheren Frau und seiner Schwägerin nennen. Seine Mutter wird einen Moment lang ratlos sein, dann wird sie den Scherz begreifen und lachen. Mit fortschreitendem Alter wird er viele Dinge nicht mehr so amüsant finden, weil er sie besser versteht.

Im Sommer blieb er draußen, bis die Straßenlaternen angingen. Wenn seine Eltern es ihm erlaubt hätten, wäre er die ganze Nacht draußen geblieben und hätte am Strand oder bei einem Freund übernachtet. Er mochte nicht ins Bett gehen, denn es bedeutete, daß der Spaß vorbei war. Bei ihm zu Hause wurde, wer tagsüber schlief, nie geweckt, außer zu den Mahlzeiten. Seine Mutter sagte oft: «Jemand, der einschläft, braucht seinen Schlaf.» In dem Sommer, als er dreizehn wurde, arrangierte ein Freund eine Verabredung mit zwei Mädchen, die er nicht kannte. Es war geplant, die Mädchen an ihrem Strand, der sechs Kilometer entfernt war, zu treffen. An diesem Abend ging er mit der Badehose ins Bett. Um Mitternacht kratzte der Freund am Fliegengitter, und er kletterte aus dem Fenster. Sie warteten an der Ecke des Bungalows, um zu sehen, ob jemand sie gehört hatte. Dann gingen und rannten sie die sechs Kilometer am Strand entlang bis zur vereinbarten Stelle. Sein Mädchen war hübscher als das seines Freundes. Es war Vollmond, und die Paare trennten sich. Er und sein Mädchen beobachteten die Fluoreszenz des Wassers, und sie erzählte ihm, ihr Lieblingsbuch sei *Jenny* von Robert Nathan. Sie vereinbarten, sich acht Jahre später am einundzwanzigsten Geburtstag des Mädchens um 20 Uhr in der Lobby eines Hotels in der Innenstadt zu treffen, und besiegelten das Versprechen mit einem Kuß. Auf dem Heimweg fragte er seinen Freund, warum er ihm die Hübschere der beiden überlassen habe. «Meine hat mir einen runtergeholt.»

126

Am einundzwanzigsten Geburtstag des Mädchens war er beim Militär. Während eines Marsches oder beim Exerzieren hatten die Soldaten pro Stunde zehn Minuten Pause. Normalerweise schlief er während dieser Zeit; sobald der Pfiff kam, legte er sich samt Gepäck hin, schlief sofort ein und wachte beim nächsten Pfiff wieder auf. Wenn er tagsüber ein Nickerchen machte, weckte seine Frau ihn oft aus banalen Gründen: um ihn etwas zu fragen oder eine Meinung zu äußern. Sie selbst schlief so fest, daß er sie manchmal nicht wach kriegen konnte, nicht einmal, wenn er sie aufsetzte oder in ihr Ohr pfiff. Er beneidete sie darum, bis ihm klar wurde, daß sie sich diese Fähigkeit als Abwehr gegen den lauten Haushalt ihrer Kindheit angewöhnt hatte. Mit dreißig erfuhr er von einem Freund, daß das Mädchen, das er damals nachts am Strand getroffen hatte, sich noch an ihn erinnerte und, als sie davon erfuhr, daß er ein Buch geschrieben hatte, angeblich gesagt hatte: «Ich hab's gewußt, den hätte ich mir warmhalten sollen.» Offenbar war sie unglücklich verheiratet, und er nahm sich vor, sie zu treffen, tat es aber nie. Er erfuhr auch, daß der Freund, der das Treffen arrangiert hatte, mittlerweile gestorben war. Er hatte einen Schlaganfall erlitten, und bei der anschließenden Untersuchung hatte man festgestellt, daß er «von Krebs zerfressen» gewesen war. Kurz darauf bekam er selbst Angst, bald sterben zu müssen. Jedesmal wenn er vom Büro nach Hause kam, aß er, legte sich hin und schlief vierzehn Stunden am Stück. Nur die ersten zwei, drei Minuten nach dem morgendlichen Aufwachen waren frei von Angst. Diese Angst ermöglichte es ihm, seinen ersten Ehebruch zu begehen: nicht, weil er nichts zu verlieren gehabt hätte, sondern weil Sex das einzige war, was ihn noch interessierte. Eines Abends erzählte er seiner Geliebten, daß er noch ein bißchen schlafen wolle, bevor sie sich anzogen und in ihr jeweiliges Zuhause zurückkehrten. Er schlief mit dem Kopf auf ihrem Bauch und lauschte den Geräuschen ihrer Eingeweide. Wenige Minuten später erwachte er wie neugeboren. Sein Arzt, der homosexuell war, sagte, das bedeute, daß diese Frau ihm Geliebte und Freundin zugleich sei. Nachdem er sich von seiner Familie getrennt hatte, war sein Nachtschlaf zunächst oft nicht mehr als eine alkoholisierte Betäubung. Wenn er daraus erwachte, hörte er einen Radiosender, der die ganze Nacht klassische Musik spielte. Einmal legte der Ansager gregorianische Gesänge auf, die er mit Passagen aus einem Text von Gibbon über Papst Gregor den Großen unterbrach. Bald darauf verlor der Ansager wegen Verunglimpfung der Radiowerbung seinen Job. Als er das erste Mal mit der Frau, in die er sich verliebt hatte, eine ganze Nacht verbringen konnte, blieb er wach, um das Vergnügen ihrer Gegenwart nicht zu versäumen. Als sie zusammenzogen, wurde der Schlaf zum Problem. Sie beklagte sich, daß er nachts aufwache, verspannt daliege und sie damit aufwecke, oder er störe sie durch sein Schnarchen und Herumwälzen. Jetzt schläft er in einem anderen Zimmer, was ihr auch nicht recht ist. Er findet, daß der Unterschied zwischen Schlafen und Wachen immer geringer wird: Im Schlaf ist er sich bewußt, daß er schläft, und im Wachzustand verfällt er oft in Träumereien. Nach 22 Uhr wird er in Gesellschaft anderer manchmal einnicken, besonders wenn er getrunken hat. Nur gelegentlich wird er einmal eine Nacht durchschlafen; nie mehr wird er so tief schlafen können, daß er beim Aufwachen nicht weiß, wo er ist. Seine Träume werden immer häufiger wirre Weiterführungen seiner täglichen Sorgen sein. Gegen Ende seines Lebens, nachdem er schon Jahre nicht mehr von seinem Vater geträumt haben wird, wird er einen Traum haben, in dem sein Vater ihn verspottet, weil er alt aussieht. Er wird entgegnen, daß sein Vater schon immer viel älter aussah als seine Mutter und daß die, die älter aussehen, als sie sind, früher sterben, während die, die jünger wirken, länger leben. Er wird versuchen, diesen Gedanken so klar wie möglich zu formulieren, doch während er spricht, wird das Gesicht seines Vaters den Ausdruck eines selbstzufriedenen Nagetiers annehmen.

Zum Trost nahm er bestimmte Gegenstände mit in die Schule. Sie mußten einfach und kompakt sein. Kugellager waren ideal. Die Oberfläche seines Pultes fiel schräg ab, also legte er die Kugellager in die Bleistiftrinne. Wenn sie zusammenstießen, gaben sie ein befriedigendes Klicken von sich, doch ihre Bewegungen in der Rinne und die Positionen, die sie zueinander einnahmen, schränkten seine Vorstellung von ihnen ein. In der dritten Klasse schenkte ihm sein Vater einen Fadenzähler, ein Vergrößerungsglas, wie es Textilhändler benutzen. Aufgeklappt bildete es drei Seiten eines Würfels. Die Scharniere waren straff und doch geschmeidig, und die Oberfläche des Rahmens aus poliertem Stahl bot den liebkosenden Fingerkuppen angenehmen Widerstand. Es war eine starke Lupe, und als ein Freund ihn darauf aufmerksam machte, daß er sie als Schiffbrüchiger auf einer verlassenen Insel dazu benutzen könne, um Sonnenstrahlen zu bündeln und ein Feuer zu entzünden, erschien sie ihm noch kostbarer. Er hatte eine Schwäche für gute Taschenmesser. Einmal spielte er während des Unterrichts mit einem Taschenmesser mit Horngriff und gekrümmter Klinge. Es klappte über seinem rechten Zeigefinger zu, und mit der Linken allein konnte er es nicht öffnen. Er mußte zur Lehrerin gehen, die das Messer öffnete und einbehielt, was ihm sehr ungerecht vorkam. Manchmal hätte er gern ein Jagdmesser in einem Lederfutteral gehabt, das er versteckt unterm Arm oder am Unterschenkel hätte tragen können, doch diesen Wunsch erfüllte er sich nie. Hatte er während sei-

130

ner High-School-Zeit ein Gedicht verfaßt, dann tippte er es auf der Schreibmaschine ab, faltete den Bogen zweimal und steckte es in die Seitentasche seiner Jacke, um es in unbeobachteten Momenten zu lesen und ein Wort oder eine Formulierung zu verändern. Er trug das Gedicht mit sich herum, bis er ein neues geschrieben hatte. In der High School ließ sein Interesse an Messern nach, und beim Militär waren ihm alle Arten von Waffen zuwider. Doch auf seine Hochzeitsreise nahm er ein Taschenmesser mit, zusammen mit einem Schleifstein und einer Flasche Öl, um die Bewegung des Schleifsteins zu verlangsamen. In ruhigen Augenblicken gab er dem Messer einen immer schärferen Schliff. Wenn seine Ehe in ihrem langsamen Zerfall eine zeitweilige Wendung zum Besseren nahm, kaufte er sich ein neues Messer, um den Anlaß zu feiern. Später, als er Affären hatte, waren auch diese Anlaß zum Kauf neuer Messer. Fast immer trug er ein Buch bei sich. Im besten Fall, so hoffte er, könnte ihn das richtige Buch vor dem Tod bewahren oder es ihm zumindest ermöglichen, dem Tod gelassen ins Auge zu sehen. Seine Lieblingsbücher waren handliche Ausgaben von Herrick, Catull, Lukrez und *Antonius und Kleopatra*. Aus einem Band mit Gedichten von Marvell schnitt er die Seite mit dem Gedicht «An die keusche Geliebte» heraus und trug es über Jahre mit sich herum, obwohl er es längst auswendig kannte. Während seiner langen Krise, als er dachte, bald sterben zu müssen, fühlte er sich von den Zimmerpflanzen seiner Frau angezogen. Er betrachtete sie eingehend, bevor er am Morgen das Haus verließ und nachdem er abends heimgekommen war. Er machte Ableger und verteilte sie an Freunde und Nachbarn, um sicherzustellen, das etwas von diesen Pflanzen überleben

131

würde. Während der Streitereien der Trennungsphase erwähnte seine Frau auch das Messer, das er auf die Hochzeitsreise mitgenommen hatte. Erst vor kurzem ist ihm klargeworden, daß das Streichen des Wetzsteins über die Klinge ein Symbol für das Eindringen des Penis in die Vagina ist. Dieser Gedanke gefällt ihm, denn vorher hatte er immer gedacht, daß die Verbindung von Messern und Frauen etwas mit Furcht oder Feindschaft zu tun hätte. Obwohl er auf Reisen immer seine persönlichen Dinge wie Füller, Schlüssel und Brieftasche bei sich trägt, hängt er nicht länger an materiellen Dingen. Bald wird er feststellen, daß die Eigenschaft der Unveränderlichkeit, die ihn früher an bestimmten Gegenständen gereizt hat, im Grunde wertlos ist und daß nur gewisse kurzlebige Qualitäten, wie sie sich etwa im Körper eines Athleten manifestieren, Sicherheit vermitteln können. Pflanzensamen werden ihn wegen ihrer komplexen Organisation und geballten Information faszinieren, und er wird immer welche als Glücksbringer auf seinem Schreibtisch liegen haben.

Er war nicht beschnitten, und die Spitze seines Penis war empfindlich. Er zog die Vorhaut immer nur ein bißchen zurück. Einmal zog sie ein Arzt ganz zurück. Das empfand er als entwürdigend und nahm seiner Mutter das Versprechen ab, daß der Arzt das nie wieder tun würde. Als er in der Badewanne einmal seinen kleinen, weichen Penis hin- und herschlenkerte, sagte ihm seine Mutter, er dürfe nicht an ihm herumspielen, sonst würde er krank werden. Mit neun bemerkte er, daß sich Größe und Festigkeit seines Penis veränderten, und das schien ihm unnatürlich. Wenn er morgens erwachte, war er oft groß und hart und wurde erst nach dem Pinkeln weich. Mit einem harten Penis zu pinkeln war schwierig. Der Strahl schoß seitlich weg und verfehlte die Schüssel oder teilte sich in zwei Strahle, wovon einer oder beide die Schüssel verfehlten. Wenn ein einzelner Strahl zum Beispiel nach halbrechts zielte und er nach links ausgleichen wollte, dann konnte sich der Strahl plötzlich wieder gerade richten und die Schüssel auf der anderen Seite verfehlen. Eine sichere Methode, um alles in die Schüssel zu kriegen, war, sich auf die Klobrille zu setzen und den harten Penis unter den Rand zu drücken. Wenn er sich dabei nicht vorbeugte, tat das weh, und selbst dann spritzte der Urin vom Schüsselrand auf seine Hand und den Penis. Die erste Vulva sah er, als er im Frühsommer durch eine Straße in der Nachbarschaft ging. Sieben- oder achtjährige Kinder spielten Seilspringen und Himmel-und-Hölle. Plötzlich hob ein Mädchen ihr kurzes Baumwollkleid hoch, schob ihre Unterhose zur Seite und kratzte ihre Möse. Es

133

war nicht mehr als ein haarloser kleiner Spalt, doch noch lange danach war sein Gesicht feuerrot. Er berührte keine Möse, bis er zwanzig und beim Militär war. Er ging mit einer Hure ins Bett und tastete unter dem Laken nach ihrer Möse. Er dachte, sie müsse vorne sein, wie ein Pimmel, aber da war nichts. Er konnte die Frau schlecht um Hilfe bitten, denn sie sollte nicht merken, daß er noch unberührt war. Er erinnerte sich an den Spruch, daß ein nettes Mädchen ihn für dich reinsteckt, also stützte er sich über sie, legte ihre Hand an seinen Penis, und sie führte ihn ein. Es verblüffte ihn, daß die Möse sich zwischen den Beinen der Frau befand, und er hielt das eine Zeitlang für einen Fehler. Während seiner ersten acht Ehejahre kannte er nur die Möse seiner Frau. Obwohl seine Gedanken oft um dieses Körperteil kreisten und er sich stark zu ihm hingezogen fühlte und liebevolle Scherze darüber machte, ließ seine Frau ihn immer weniger an sich heran, und er fühlte sich in einen Zustand ständigen, pubertären Verlangens zurückversetzt. Er kam zu dem Schluß, daß Frauen einen Schwanz in ihrer Möse eher duldeten, als daß sie Spaß daran hatten, und als er dann mit dreißig sein erstes außereheliches Verhältnis hatte, bezweifelte er, ob seine Geliebte den Sex mit ihm wirklich genoß. Eines Nachts jedoch überzeugte sie ihn, indem sie ihm sagte, er ficke sehr vorsichtig und solle sie ruhig so hart nehmen, wie er wolle. Weitere Erfahrungen mit anderen Frauen machten ihm den Umgang mit Mösen vertraut. Er untersuchte sie sorgfältig, spielte mit den Lippen und dem gepolsterten Venushügel, leckte die Klitoris und schob seine Zunge, so weit es ging, in die Vagina. Manchmal hatte eine Möse einen anderen Charakter als die dazugehörige Frau. Zwei Frauen, mit denen er schlief, waren zwar lustvoll, aber ihre Vagina schien sich zu verengen, so als

134

wollte sie ihn los sein. Ein anderes Mädchen, das jedesmal, wenn er mit ihr schlief, wütend aussah, hatte eine Vagina, die seinen Schwanz wie eine Kostbarkeit umschloß.
Manchmal war eine Vagina auch zu groß für ihn. Er löste
dieses Problem, indem er dem Mädchen, während er in
sie eindrang, die Pobacken mit der Hand zusammen-
preßte. Inzwischen sind ihm Mösen als solche nicht mehr
so wichtig; er schätzt sie vor allem als Möglichkeit, eine
Frau an sich zu binden. Durch ihre Möse bringt er sie
dazu, ihn gern zu haben und zu brauchen; das entschä-
digt ihn für die wachsende Kälte, die er gegenüber der
Welt empfindet. Die meisten Mösen, die er in seinen Fünf-
zigern kennen wird, gehören Frauen in den Vierzigern.
Während er altert, altern auch die Frauen, mit denen er
schläft. Ende fünfzig wird er sich nach der Möse eines
jungen Mädchens sehnen. Er wird versuchen, sie sich vor-
zustellen – rund, klein, fest und mit vielen, drahtigen
Haaren. Manchmal werden solche Vorstellungen seine
Lust steigern, wenn er mit älteren Frauen schläft, manchmal aber dämpfen sie sie auch. Eines Abends wird er sich
eine junge Hure suchen, die zweite und letzte in seinem
Leben, doch eine Kaiserschnittnarbe und ihre verächtli-
che Art werden diesen Beischlaf mechanisch verlaufen lassen. Gegen Ende seines Lebens wird er zu seinem Penis ein ähnlich zärtliches Verhältnis entwickeln, wie er es
als Kind hatte, bevor die Zwänge und Frustrationen der
Pubertät einsetzten. Abgesehen von raren Momenten der
Erinnerung und gelegentlichen Träumen werden Mösen
ihre Anziehungskraft für ihn verlieren, und er wird kaum
mehr an sie denken, wenn er mit einer Frau schläft.

Er und die anderen Jungen wurden ermahnt, Mädchen gegenüber nicht grob zu sein, denn sie seien anders gebaut und sehr verletzlich. Mädchen hatten lange Haare, was sie beim Spielen und Raufen benachteiligte. In der Stadt spielte er nur so lange mit gleichaltrigen Mädchen, bis er größer und stärker wurde als sie. Eine Zeitlang versuchten manche Mädchen, es mit den Jungen aufzunehmen, indem sie rauften und sich Mutproben stellten. Doch sie unterlagen im Kampf und scheiterten an den Mutproben, außerdem heulten sie hemmungslos. Bald grüßten sich Jungen und Mädchen kaum noch. Sie fanden nie wieder zusammen, denn ihre ersten Verabredungen trafen sie außerhalb des Viertels. In der Feriensiedlung war das anders, da spielten Jungen und Mädchen miteinander, bis sie dreizehn oder vierzehn waren, und taten sich dann zu Paaren zusammen. Am Strand konnten Mädchen in den Sand oder ins Wasser fallen, ohne sich zu verletzen; sie schwammen genauso schnell wie manche Jungen, und bei den Wort-, Brett- oder Kartenspielen, die vorzugsweise gespielt wurden, standen die Mädchen den Jungen in nichts nach. Und weil es dort mehr Platz, Freizeit und Spaß gab als in der Stadt, wurde auch weniger gerauft. Als er zwölf war, begannen die Mädchen, Spielanzüge zu tragen, Baumwolloveralls aus kurzen Hosen und einem Oberteil mit Latz. Wenn er beim Hufeisenwerfen am Strand neben einem Mädchen im Spielanzug stand, konnte er manchmal den Ansatz ihrer Brust sehen. So etwas war einem in der Stadt nicht vergönnt. Eines Abends in der

Stadt, nachdem er das Raufen längst aufgegeben hatte, beleidigte er im Spaß ein dreizehnjähriges Mädchen in der Wohnung ihrer Eltern. Sie gab ihm eine Ohrfeige; aus einem Reflex heraus schlug er ihr mit der flachen Hand ins Gesicht und warf sie zu Boden. Als er ihr wieder aufhalf, war er überrascht, wie klein sie war, und ihm wurde klar, daß er, abgesehen vom Tanzen und harmlosen Schmusen, jahrelang kein Mädchen mehr berührt hatte. Als er in der Ringermannschaft war, wählte der Trainer ihn und einen Fünfundachzig-Kilo-Ringer von der Uni aus, um mit dem Universitäts-Schwergewicht zu kämpfen, der Landesmeister war und keine gleichwertigen Trainingspartner hatte. Das Schwergewicht packte sie, jeden unter einen Arm, kniete sich hin und drückte sie mit dem Rücken gegen die Matte. Seine Frau war groß und schlank wie er und schien eine Zeitlang die ideale Partnerin im Bett zu sein. Als er mit seinen Affären begann, waren einige der Frauen klein. Wenn er solche Frauen zum ersten Mal nackt sah, kamen sie ihm wie Kinder vor, unfähig, seinem Gewicht und seinen Stößen standzuhalten. Vor dem Ausziehen hatte er sie als körperlich gleichwertig empfunden. Er war es gewohnt, größer zu sein als die meisten Leute, und als er einmal mit einem sehr großen Mann sprach, erlaubte er sich den dummen Scherz, auf einen Stuhl zu steigen und die Unterhaltung von dort aus zu beenden. Nachdem er seine Familie verlassen hatte, wohnte er in einem winzigen Apartment mit altersschwachen Möbeln. Einmal wurde dort eingebrochen. Zwei stämmige Polizisten untersuchten den Fall. Sie wirkten monströs in der Wohnung, in die er bislang nur Frauen oder zierliche Männer eingeladen hatte. Die Polizisten redeten ihn mit Vornamen an; er hatte das Gefühl, sie hielten ihn für

137

einen Homosexuellen. Die Frau, in die er sich schließlich
verliebte, hatte ausladende Hüften, breite Schultern und
war vollschlank. Seit den Tanzpartys seiner Jugend, wo
Leibesfülle ihn immer abgestoßen hatte, hatte er nie
einen Körper wie den ihren berührt. Er mochte es, wenn
sie sich auf ihn legte, was sie auch tat, dann aber wieder
mit der Begründung ablehnte, sie käme sich dabei wie
ein Dinosaurier vor. Manchmal träumt er von ihr als einer
südamerikanischen Indianerstatue, ehrfuchtgebietend
und erbarmungslos, aber mit kurzen, nutzlosen
Ärmchen. Wenn sie ihn verläßt, wird er mit Frauen in
allen Größen schlafen. Manchmal, wenn dann in der
Ruhephase danach seine Hand auf dem Hintern der Frau
liegt, wird er mit Genugtuung dasselbe üppige Fleisch
spüren, doch wird ihm die Farbe der Frau nicht zusagen,
ihr Geruch oder ihre Art, sich zu bewegen, irgend etwas,
das an der Frau, die er einst liebte, perfekt gewesen ist,
wird ihn hier stören. Kurz vor dem Tod seiner Mutter
wird er sie eines Tages ohnmächtig auf dem Boden ihres
Schlafzimmers finden. Sie wird sich beschmutzt haben.
Während er auf den Arzt wartet, wird er sie säubern und
überlegen, daß er kein Kandidat für den Ödipuskomplex
gewesen wäre. Wenn er für sexuelle Begegnungen zu alt
sein wird – nicht, weil er nicht mehr könnte, sondern weil
er es seiner Partnerin nicht zumuten will –, wird er verstehen, daß er nichts als so schön und so abstoßend empfunden hat wie menschliche Körper.

Er beobachtete die älteren Jungen genau und bewunderte jene, die er für gutaussehend, hilfsbereit und bescheiden hielt. Er hoffte, wie sie zu werden, und war es doch nicht, als er in ihr Alter kam. Man wählte ihn nicht zum Klassensprecher oder Teamchef (bestenfalls zum Wortführer, wenn es darum ging, sich bei einem Ladenbesitzer zu beschweren oder Ankläger in einem Klassengericht zu sein). Brauchte man jemanden, der fair war und Autorität besaß, wurde meist einer der Jungen mit gleichmäßigen, nachdenklichen Gesichtszügen ausgesucht, die wenig redeten und selten lachten, die die Kleinen mitspielen ließen und denen die Erwachsenen zuhörten. Als er sich für Mädchen zu interessieren begann, bevorzugte er jene, die die gleichen heiteren, selbstlosen Züge hatten wie die Jungen, die er bewunderte. Im Gesicht eines Mädchens suchte er nach Freundlichkeit, Stabilität und Verständnis; hervorstehende Knochen verhießen Dauerhaftigkeit, große Augen Ehrlichkeit, reine Haut Klarsicht und Loyalität. Seine erste Freundin in der Feriensiedlung hatte ein vollkommenes Gesicht; aber sie erwies sich als geheimniskrämerisch und launisch. Erst als er sie im Jahr darauf wiedersah, hatte sich ihr Gesicht ihrem Charakter angeglichen. Das Mädchen, das er heiratete, hatte ein offenes, zartes, knabenhaftes Gesicht; daher war er überzeugt, daß sie bestens zu ihm paßte. Als er zum ersten Mal der Frau vorgestellt wurde, mit der er sein erstes Verhältnis haben würde, mochte er weder ihr Aussehen noch ihre Art: Sie war schmächtig und zart, hatte ein mandelförmiges Gesicht und redete durchdringend, scharfzüngig und herablassend. In den anderthalb Jahren, die sie zusammen waren, liebten sie sich jeden Mittwoch – sie nannten das ihr Schläferstündchen –, und obwohl er ihr Gesicht zu schätzen lernte, entsprach es nicht seinem frühen Ideal. Das mag der Grund dafür gewesen sein, daß er nie das Gefühl hatte, sie wirklich zu lieben. Einmal bei einer Party, zu der er allein gegangen war, traf er eine Frau aus Ohio, die clever und stupid zugleich wirkte. Er nahm sie mit zu sich nach Hause, und sie knutschten bis zum Morgengrauen. Sie ließ ihn durch die Kleider mit ihren Genitalien spielen, aber ihre Brüste durfte er nicht berühren, die sich, als sie sich schließlich auszog, als klein erwiesen. Sie erzählte ihm, daß sie geschieden sei und ihren Mann, einen Lehrer an einem College, wegen Homosexualität bei der Schulbehörde angezeigt habe. Später fand er heraus, daß ihr Urteil bezüglich der Homosexualität ihres Mannes lediglich auf seiner Unfähigkeit basierte, mit ihr zu schlafen. Sie liebten sich ein paar Monate lang jeweils einmal die Woche. Eines Abends bat sie ihn, seinen Orgasmus zurückzuhalten, und er vögelte sie eine Stunde lang. Dann sagte sie, er solle sich kurz zurückziehen, damit sie sich anders hinlegen konnte, und ließ ihn anschließend nicht mehr eindringen. An diesem Abend war er so wütend, daß er auf dem Heimweg sein Auto kaputtfuhr. Er traf sich nie wieder mit ihr, und ihr langes Gesicht mit der großen Nase, den Raffzähnen und stechenden Augen, das ihn einst amüsiert hatte, schien im nachhinein nichts Gutes zu verheißen. Ein Kollege lud ihn zu einer Verabredung mit zwei ihm unbekannten jungen Frauen ein; die eine war die Geliebte des Kollegen, die andere deren Freundin. Letztere hatte ein einfaches Gesicht und ein

140

schlichtes Gemüt. Am Ende des Abends versprach sie, bei der nächsten Verabredung mit ihm ins Bett zu gehen. Er lud sie am folgenden Tag zum Mittagessen ein und sagte, sie sollten besser Schluß machen, damit keiner von ihnen verletzt würde. «Wer von uns beiden?» fragte sie. «Du», sagte er. «Ich kann sehr gut selbst auf mich aufpassen», erwiderte sie, und sie begannen, miteinander zu schlafen. Er besuchte sie an einem Samstagmorgen, weil sie Geburtstag hatte, brachte ihr Blumen und vögelte sie den ganzen Tag mit der Absicht, durch Quantität wettzumachen, was er an Qualität vermißte. Auch nach zweimaligem Duschen konnte er den Geruch ihres Parfüms nicht loswerden und hatte die ganze Nacht Brechdurchfall. Am Tag darauf hatte er fünf Kilo abgenommen und begriff, daß er krank wurde, wenn er mit Frauen schlief, an denen er überhaupt nichts fand. Er schlief mit einer jungen, verheirateten Frau, die er kannte, seit sie ein Kind war. Sie hatte das schönste Gesicht, das er je gesehen hatte, und während er sie liebte, richtete er sich immer wieder auf, um es zu betrachten. Sie war Komplimente gewöhnt, und er hatte nicht den Eindruck, daß er ihr begreiflich machen konnte, wie schön er sie fand. Ihr war nur an gewöhnlichen Dingen gelegen; dennoch konnte er ihr stundenlang am Telefon zuhören, denn ihre Stimme ließ ihr Gesicht vor ihm erscheinen. Manchmal masturbierten sie am Telefon: «Also gut», sagte er dann, «bringen wir unsere Schöße in Gleichklang.» Die Frau, in die er sich verliebte, nachdem er seine Frau verlassen hatte, hatte ein kraftvolles Gesicht; sie hatte es von ihrer Mutter geerbt, und es war nicht von eigener Erfahrung gezeichnet. Das Gesicht der Mutter drückt aus, daß das Leben freundlicher mit ihr umgegangen war, als sie es erwartet hatte, die Tochter dagegen ist voller Zorn, der ihr häufig ins Gesicht geschrieben ist, dort aber keine Spuren hinterläßt und auch keine hinterlassen wird, solange er sie kennt. Seine eigene Mutter hat bis etwa ein Jahr vor ihrem Tod einen heiteren Gesichtsausdruck. Dann werden ihre Augäpfel zu rollen beginnen und nach innen blicken, ihre Stirn wird zerfurcht sein, und Nase und Ohren scheinen zu wachsen; manchmal nehmen Oberlippe und Kinn die bräunliche Färbung einer Schnauze an.

Sein Bruder sah seiner Mutter ähnlich, er selbst seinem Vater. Anfangs hielt er seinen Vater für gutaussehend. Später fand er ihn häßlich und hoffte, daß sich die Ähnlichkeit mit der Zeit verlieren würde. Er hatte ein feistes Gesicht und hätte gern ein schmales gehabt. Er fand seinen Mund zu weich, und wenn er sich im Spiegel betrachtete, biß er oft die Zähne zusammen und machte die Lippen schmal. Er wollte hart aussehen und versuchte, bestimmt aufzutreten, sobald er das Haus verließ. In der Pubertät fühlte er sich geschmeichelt, wenn ihm zu Ohren kam, daß dem einen oder anderen Mädchen sein Äußeres gefiel, zweifelte dann aber am Geschmack dieses Mädchens. Als er eingezogen wurde, sagte man ihm, er solle sich die Haare kurz schneiden lassen. Statt dessen ließ er sich den Kopf rasieren und kam sich ungeheuer männlich vor. Als er weit weg von zu Hause stationiert wurde, bildeten sich Beulen auf Gesicht, Brust und Rücken. Der Militärarzt sagte, man könne nichts dagegen tun, die Beulen seien zwar entstellend, hinderten ihn aber nicht daran, seinen Dienst zu tun. Nach einem Urlaub zeigte ihm sein Kompaniechef, ein Mann mit dunkler, makelloser Haut, einen rotgeränderten Brief von Eleanor Roosevelt. Darin stand, seine Mutter habe sich brieflich bei ihr beschwert, daß die Armee ihm nicht die nötige medizinische Versorgung habe angedeihen lassen. Er wurde daraufhin zum Hautarzt der Truppe geschickt, der behauptete, er müsse diese Beulen schon im Alter von dreizehn oder vierzehn gehabt haben, und keinen Widerspruch gelten ließ. In einem anderen Stützpunkt ging er wieder zum Hautarzt, der ihm eingeschränkte Diensttauglichkeit bescheinigte; das hat ihm, dachte er später, womöglich das Leben gerettet. Als er entlassen wurde, war sein Gesicht voller Narben. Er war dankbar, daß seine Freundin ihn weiterhin mochte, und heiratete sie ein Jahr später. Manchmal streichelte sie seine Narben, und obwohl er ihre Berührung beruhigend fand, machte sie ihn verlegen. Jahrelang konnte er die Narben nicht als Teil seiner selbst akzeptieren; in seinen Träumen war sein Gesicht glatt wie das eines Jungen. Er beneidete Männer mit glatter Haut. Auf einer Fähre bot er einmal einer jungen Frau mit vernarbtem Gesicht an, ihre schwere Tasche zu tragen. Sie lehnte ab; er war erleichtert, fand aber, sie hätten eine Chance zur gegenseitigen Tröstung verschenkt. Seine erste Geliebte sagte ihm, die Narben ließen ihn gefährlich aussehen; später allerdings fand sie seine ständige Beschäftigung mit seinem Äußeren tuntenhaft. Eine andere Frau, mit der er schlief, sagte ihm, ohne die Narben wäre er einfach zu schön gewesen. Sein Erfolg bei den Frauen ermöglicht es ihm inzwischen, das Gesicht, das er im Spiegel sieht, als sein eigenes zu akzeptieren. Mit den Jahren wird das Gesicht die Narben absorbieren; das geht sogar so weit, daß sich die narbenfreie Haut der einen Gesichtshälfte aus Symmetriegründen der vernarbten Seite anpassen wird. Für eine Weile werden ihn die ersten Anzeichen des Alterns erheitern: Furchen in den Wangen und zwischen den Brauen, bucklige Fingernägel, Flecken auf den Handrücken, gelbe Zähne und ausfallende Haare auf dem Kopf, dafür sprießende Haare in den Ohren («die Natur verlagert die Dinge eben ein bißchen», wird er kommentieren). Andere, spätere Zeichen werden ihn irritie-

144

ren: die immer knochiger werdenden Knie und Ellenbogen, das Chaos, das in den geordneten Rückzug seines
Haaransatzes einbricht, die pendelnden Ohrläppchen,
das Weiß der Haut an der Innenseite der Arme, eine
gewisse Müdigkeit um die Augen, die nun nicht mehr
seine genaue Befindlichkeit ausdrücken. Er hatte gehofft,
als alter Mann rosig und zerklüftet zu sein, statt dessen
herrscht allgemeine graue Erschlaffung. Wenn er eines
Tages einsieht, daß alle künftigen Veränderungen zu seinem Nachteil sein werden, wird ihn die Erkenntnis treffen, daß er von nun an nie mehr mit seinem Äußeren
wird zufrieden sein können. Mehr und mehr wird er seinem Vater gleichen, so wie er ihn kurz vor dessen Tod
in Erinnerung hat. Wenn er nachts aufwacht und husten
oder sich räuspern muß, wird ihn das an die Geräusche
seines Vaters erinnern. Unerwartete Spiegelbilder in
Schaufenstern zeigen ihm das späte Gesicht seines
Vaters: reizbar, verwirrt und mißtrauisch. Er weiß, daß
irgendwo zwischen seinen Sachen Photos von seinem
Vater als altem Mann stecken, und er nimmt sich vor, sie
herauszusuchen und zu sehen, wie weit die Ähnlichkeit
geht. Wenn die Ähnlichkeit nur Einbildung ist, so heißt
das, daß seine Lebensspanne nicht von den Genen seines
Vaters bestimmt sein wird, der mit zweiundsiebzig starb,
sondern auch von denen seiner Mutter, die länger lebte.

Er und sein Bruder schliefen im selben Raum in getrennten Betten. Sein Bruder war sieben Jahre älter als er und ging später ins Bett. Manchmal war er wach, wenn sein Bruder kam, und sie alberten noch herum. Wenn er nachts aufwachte, war immer sein Bruder da. Als er sechs war und sein Bruder in die High School überwechselte, beschlossen seine Eltern, daß er ein eigenes Zimmer bräuchte, in dem er ungestört Hausaufgaben machen könnte. Die Familie zog in eine größere Wohnung. Es gefiel ihm nicht, daß er nun allein schlafen mußte. Um glücklich zu sein, brauchte er die Gesellschaft eines Freundes, und dieser Freund mußte tun, was er wollte. Wenn ein Freund nicht tat, was er wollte, dann war er zwar enttäuscht, aber nicht so, daß er das Alleinsein vorgezogen hätte. Sein bester Freund in der Stadt, mit dem er von zwei bis zum Eintritt in die Armee befreundet war, war ein Jahr jünger und nicht so gescheit wie er, außerdem war er schwächer und tat nahezu alles, was er sagte. An Sonntagnachmittagen gingen sie auf eine Brücke, die über den Fluß führte. An einem kalten Sonntag liefen ihnen dabei die Nasen. Sie wischten sie an ihren Ärmeln ab, bis kein trockenes Fleckchen mehr zu finden war. Daraufhin wischten sie sie am eisernen Brückengeländer ab und mußten darüber so lachen, daß sie kaum laufen konnten, bis sie sich trennten. (Als er nach dem Krieg seine erste Arbeitsstelle antrat, erzählte ihm sein Freund, daß er früher immer gedacht habe, er werde einmal Hausmeister werden; das erstaunte ihn, denn er hatte immer gedacht,

146

sein Freund habe in ihm einen Helden gesehen.) Sobald er sich für Mädchen zu interessieren begann, machte ihm das Alleinsein nichts mehr aus. Er saß oft stundenlang in seinem Zimmer und las, schrieb oder dachte nach. Er las Theaterstücke, weil er später selbst welche schreiben und Katherine Hepburn begegnen wollte; er schrieb Gedichte und Briefe für das Mädchen, das er gerade verehrte; und er dachte viel über die Zukunft nach: Wie er als Mann aussehen würde, wo er leben und wohin er reisen würde, wie es wäre, verheiratet zu sein oder Affären zu haben. Beim Militär war man nur beim nächtlichen Wachdienst allein. Dann experimentierte er mit dem Wahnsinn und versuchte, Erscheinungen zu haben und Stimmen zu hören. Manchmal dachte er, er hätte es geschafft und könnte, falls sich der Effekt bei Tageslicht wiederholen ließ, aus der Armee entlassen werden. Am Tag fühlte er sich jedoch immer normal. An einem freien Wochenende hatte er ein so starkes Bedürfnis nach dem Alleinsein, daß er sich von Freitag abend bis Montag morgen in einem Hotel einmietete, sich die Mahlzeiten aufs Zimmer kommen ließ, stundenlang in der Badewanne saß und niemanden anrief. Er träumte oft davon, sich nach dem Krieg einen schalldichten Betonquader in einer verlassenen Straße oder an einem Strand bauen zu lassen. Er sollte ein Dach aus Glassteinen, aber keine Fenster haben. Nur seiner Freundin wäre der Zugang gestattet, und das auch nicht immer. Doch nach dem Krieg heiratete er und zog mit seiner Frau in eine kleine Wohnung. Er mochte die Gegenwart seiner Frau, außer beim Schlafen. Manchmal, wenn sie schon aufgestanden und zur Arbeit gegangen war, rief er in seinem Büro an und meldete sich krank. Dann verbrachte er den ganzen Vormittag allein im

Bett. Als seine Ehe in die Brüche ging, sagte ihm ein sechzigjähriger polnischer Freund, der lispelte und einen Akzent hatte: «Laß dich nicht scheiden. Wenn du dich scheiden läßt, wirst du wieder heiraten, das ist so sicher, wie die Nacht dem Tage folgt. Lebst du schon von ihr getrennt? Dann halte es auch weiter so, das ist die ideale Lebensform.» «Und wenn sich meine Frau scheiden lassen will?» «Dann mußt du eben lügen. Ich lebe seit dreißig Jahren getrennt. Ich denke nicht daran, mich scheiden zu lassen.» «Ist das wirklich wahr?» fragte er den Freund. «Ja, das ist meine Geschichte.» Ein andermal warnte ihn der Freund: «Laß nie eine Frau über Nacht bleiben. Ich hab es einmal gemacht, und es hat drei Monate gedauert, bis ich sie wieder los wurde. Ich mußte ihr ein Flugticket nach Europa kaufen.» Als er sich verliebte, mietete er mit der Frau zusammen eine große Wohnung. Hielt sie sich in einem anderen Zimmer auf, so ging er stündlich hinüber, um sie zu berühren. Obwohl sie sich stritten, genoß er es sehr, im selben Bett mit ihr zu schlafen. Selbst in heißen Sommernächten schliefen sie Bauch an Rücken, Rücken an Bauch oder Rücken an Rücken. Am Ende ihrer Beziehung wird er erstaunt ihren Vorwurf vernehmen, er habe sie nie in Ruhe gelassen. Er hatte immer geglaubt, sie schätzte seine Aufmerksamkeiten. Er wird zunehmend Schwierigkeiten haben, einsamen Beschäftigungen nachzugehen: Wenn er sich zum Beispiel vorgenommen hat, einem Freund in aller Ruhe einen ausführlichen Brief zu schreiben, wird er mittendrin zum Hörer greifen und den Freund anrufen. Eine Weile wird er Zeit opfern, um sich im Krankenhaus mit Patienten zu unterhalten, die keinen Besuch bekommen. Die Schwestern und Ärzte werden ihm versichern, wieviel solche Besuche den Patienten bedeuten. Manchmal wird er an einem Patienten eine gewisse Eifersucht bemerken, daß es ihm gut geht und er den Patienten überleben wird. Er wird sich oft fragen, wieviel Lebenszeit ihm noch bleibt, und er meint, dieses Wissen wird ihm einen befriedigenderen Umgang mit sich selbst ermöglichen. Auch wird er überlegen, was er anders machen würde, wenn er noch einmal von vorne beginnen könnte: Auf jeden Fall würde er eine Frau heiraten, die besser zu ihm paßt, das würde aber auch bedeuten, daß es seine Kinder nicht gäbe. Außerdem würde er nicht so viel Zeit mit einsamem Schreiben verbringen, aber dennoch wird ihm nichts einfallen, was er statt dessen hätte tun sollen.

In der Stadt waren die Tage gegliedert. Wenn seine Mutter ihn morgens weckte, bat er, noch fünf Minuten schlafen zu dürfen, und glitt zurück in seinen Traum oder begann einen neuen. Weckte sie ihn dann zum zweiten Mal, so brauchte er fünfzehn Minuten zum Waschen, Anziehen und Frühstücken. Der Schulweg dauerte zehn Minuten: Er lief durch den Garten und riß sich dabei ein Blatt vom Buxbaum zum Kauen ab, dann ging es die Schiefertreppe zur Straße hinunter, vorbei am Tennis- und Eisplatz und an den verbeulten Einzelgaragen aus angestrichenem Blech, an den Wohnblocks der Farbigen und dem Schulsportplatz entlang bis zum Schul- und Kirchengebäude. Wenn er früh genug dran war, konnte er sich draußen noch ein bißchen unterhalten. Man mußte Punkt neun im Klassenzimmer sein, wo man die Fahne grüßte, ein Gebet sprach, die Bücher auspackte und Bleistifte, Füller, Radiergummi und Lineal zurechtlegte. Dann folgten eine Stunde Unterricht und eine zwanzigminütige Pause, in der die Jungen Fußball spielten und die Mädchen Seilspringen machten oder sich unterhielten. Manchmal kaufte er von einem alten Mann auf der Straße durch den schmiedeeisernen Zaun hindurch Süßigkeiten. Nach ein, zwei weiteren Unterrichtsstunden wurden sie gegen Mittag nach Hause geschickt. Auf dem Heimweg kaufte er die Zeitung, aß sein Mittagessen auf dem Wohnzimmerboden, las dabei die Comics und hörte eine Radioserie, die in einem Gemischtwarenladen spielte. Ab ein Uhr hatte er zwei weitere Stunden

Unterricht, wovon eine Viertelstunde abgezogen wurde, wenn alle brav gewesen waren. Um Viertel nach drei war er bereits umgezogen und mit seinen Freunden draußen beim Spielen. Um Viertel vor sechs mußte er nach Hause, denn zwischen sechs und sieben wurde gegessen, und er, seine Mutter, sein Vater und sein Bruder berichteten von ihrem Tag. Von sieben bis halb acht hörte er Radio, dann machte er bis neun in seinem Zimmer Hausaufgaben, vertrieb sich sonstwie die Zeit oder hörte mit seinen Eltern eine Radiosendung. Dann ausziehen, Zähne putzen, pinkeln und ins Bett. Die Samstage und Sonntage bestanden aus größeren, unförmigeren Abschnitten. In der High School gab es mehr für die Schule zu tun als in der Grammar School, und die Zeit, in der er früher an Wochentagen hatte spielen können, war jetzt von der Theatergruppe und vom Debattierclub belegt oder wurde von der Schülerzeitung in Anspruch genommen. Einmal arbeitete er während der Weihnachtsferien, wie viele seiner Mitschüler, im Postamt. Es langweilte ihn, acht Stunden am Tag Pakete von einem Postwagen aus in die Häuser zu tragen, und er wunderte sich, wie langsam die Zeit verging. Am Abend war er müde und ging gleich nach dem Abendessen ins Bett. Einen Monat später erhielt er für die Woche, die er gearbeitet hatte, einen Scheck über achtzehn Dollar und ein bißchen Kleingeld, die er an einem einzigen spendablen Abend mit seiner Freundin ausgab. Im College gab es zwar weniger Unterrichtszeit, dafür aber mehr Hausarbeit. Nachmittag und Abend reichten nie für die Lektüre, und er blieb manchmal die ganze Nacht auf, um durchzukommen: In *Der Staat* und *Von der Natur* las er bis zum Morgengrauen, und diese Erfahrung erregte ihn so, daß er die paar Stunden bis zum Aufstehen nicht mehr schlafen konnte. Beim Militär machten er und seine Freunde manchmal die Nacht durch, tranken alkoholfreies Bier, redeten, spielten Karten und empfanden Genugtuung dabei, der Truppe am nächsten Morgen ihren ausgeruhten Körper vorzuenthalten. Das überraschendste am Militär war, daß plötzlich nichts, was man ihm zu tun befahl, zu seinem eigenen Nutzen geschah; es war genau das Gegenteil von Schule. Nach seiner Entlassung erschien ihm der Schulbesuch als reiner Luxus, aber er hatte auch seine Bedeutung verloren. Was er nun wollte, war, eine Stelle zu finden und zu heiraten: Mit eigenem Geld, einer Frau und Familie würde sein wahres Leben erst beginnen. Nach zwei Ehejahren hatte er eine Erkenntnis, die er seiner Frau mitteilte: «Ich behandle dich besser als alle anderen, aber du behandelst mich schlechter.» Damit wollte er sagen, daß sie die wichtigste Person in seinem Leben sei, während sie, die sich von Verwandten, Freunden, ja selbst von Ladenbesitzern einschüchtern ließ, ihre schlechte Laune an ihm ausließ. Er gewöhnte sich an zu schlafen, wenn sie wach war, und aufzubleiben, wenn sie schon schlief, dann trank er, las und schrieb Geschichten oder Briefe an Freunde. Das Großziehen der Kinder nahm sie beide so sehr in Anspruch, daß sie darüber für einige Jahre ihre Differenzen vergaßen, doch als sie wieder genug Energie hatten, traten die Probleme verschärft zutage. Gegen Ende ihrer Ehe gingen sie einander aus dem Weg und begegneten sich nur noch beim Abendessen. Nachdem er ausgezogen war, schien ihm seine Zeit leer und sinnlos, außer wenn er schrieb oder arbeitete. Er trank viel, was die Zeit ebenfalls nutzlos verstreichen ließ. Manchmal hörte er dann Musik oder las etwas (vorzugsweise gut formulierte Banalitäten), das sich in seinem Hirn festsetzte wie Eisenspäne auf einem Magneten. Als er sich verliebte, war die Zeit mit der Geliebten für ihn kostbarer als die Zeit ohne sie; doch als die Frau dann unzufrieden wurde, zerstörten ihre Klagen die Freude an ihrer Gegenwart. Er wird den Bruch mit ihr noch über Jahre hinausschieben, indem er seinen alten Psychiater wieder aufsucht. Das Alleinleben wird nicht mehr so schwierig sein, wie es einmal war, und auch der Sex wird nicht mehr so bestimmend für ihn sein. Während er ohne ernsthafte Erkrankung altert, wird er manchmal dankbar sein, daß ihm eine frühe Zerstörung oder die Desillusionierung der mittleren Lebensjahre erspart geblieben ist. Je näher das Ende seines Lebens rückt, desto freier wird er über seine Zeit verfügen können, weil Zivilisation und Natur ihr Interesse an ihm verloren haben.

Erst mit elf hörte er auf, am Daumen zu lutschen. Lange Zeit versuchten seine Eltern, ihm das abzugewöhnen, doch es war eine zu wichtige Trostquelle für ihn. Seine Mutter konsultierte den Hausarzt, einen selbstgefälligen, allwissenden Mann, der das Befinden eines Patienten aus seinem Stuhlgang lesen konnte («die Welt in einem Sandkorn erkennen», nannte er das). Der Arzt verordnete, die Daumen mit Klebeband zu umwickeln; später sollten sie mit Jod eingestrichen werden, dann riet er zu Belohnungen. Nichts half, wenngleich man dem Arzt zugute halten muß, daß die Methode mit den Belohnungen nie ausprobiert wurde. Das Daumenlutschen hatte zwischen seinen Vorderzähnen eine Lücke entstehen lassen, und sein Vater, der von seinen eigenen Erfahrungen ausging, erklärte ihm, wie wichtig das äußere Erscheinungsbild im späteren Berufsleben sein würde. «Sieht jemand gut aus, so wird ihn der Türsteher ohne weiteres einlassen, macht jemand aber einen schlechten Eindruck, so muß der Türsteher erst einmal Näheres über ihn in Erfahrung bringen. Was ich damit sagen will, ist, einem gutaussehenden Menschen stehen alle Türen offen.» Doch statt das Daumenlutschen aufzugeben, schickte er sich lieber in die Unausweichlichkeit des Häßlichseins und beschloß insgeheim, sich später dafür um so sorgfältiger zu kleiden (sein Vater äußerte sich auch häufig zur Bedeutung ordentlicher Kleidung). Als, inmitten der Depression, sein zwölftes Weihnachten näherrückte, ging er zu seinem Vater und versprach ihm, mit dem Daumenlutschen aufzuhören,

154

wenn er dafür zu Weihnachten die gleiche Kamera
geschenkt bekäme, die sich sein Bruder von seinem
Ersparten gekauft hatte. Sein Vater willigte ein, weil er
sah, daß es endlich etwas gab, das ihm wichtiger war als
Daumenlutschen. Er hielt sein Versprechen, fing aber
kurz darauf an, heimlich mit seinen Freunden zu rauchen. Dabei bekam er manchmal eine Erektion. Er
glaubte, die Erektion käme daher, daß Rauchen und Sex
etwas gleichermaßen Unanständiges anhaftete. (Später
erinnerte ihn ein Analytiker daran, daß er als Kind,
wenn er im Bett seiner Eltern schlief, immer auf Vaters
Seite gelegen und den Daumen seines Vaters gehalten
hatte, der nach Tabak roch.) Als er fünfzehn war, eröffnete er seinem Vater, daß er mit Rauchen angefangen
habe und nun auch zu Hause rauchen wolle, doch es
machte ihm keinen Spaß, in Gegenwart seines Vaters zu
rauchen, und er tat es nur, um seine Unabhängigkeit
unter Beweis zu stellen. Er begann auch, an den Fin-
gernägeln zu kauen, nicht so sehr aus Nervosität, sondern aus kosmetischen Gründen. Statt die abgebissenen
Stücke auszuspucken, schob er sie genüßlich mit der
Zunge im Mund herum. Kurz nach ihrer Heirat befrie-
digte er seine Frau zum ersten Mal mit der Zunge. Er
sah das als Ausdruck seiner Verehrung und stellte fest,
daß er das Gefühl und den Geschmack mochte. Das
nächste Mädchen, mit dem er schlief, hatte eine Abneigung gegen Vorspiel und verbot ihm den Cunnilingus.
Sie sagte, sie befürchte, daß er dasselbe von ihr erwarte,
und das wolle sie nicht. Damals machte ihm das nicht
viel aus, aber inzwischen ist Cunnilingus für ihn ein
wichtiger Teil des Liebesspiels geworden: Er bringt die
Frau damit bis kurz vor ihren Höhepunkt, dann dringt
er in sie ein und kommt zusammen mit ihr oder später,

wie ihm beliebt. An Brüsten zu saugen hat seinen Reiz für ihn eingebüßt, ebenso wie das Küssen. Wenn er mit einer Frau zusammen ist, betrachtet er seinen Mund als ein zusätzliches Geschlechtsorgan. Die Lippen einer schönen Frau sind nach wie vor attraktiv für ihn; er liebt es, sie zu betrachten und mit dem Finger zu berühren, doch der richtige Platz für seinen Mund ist an den Genitalien der Frau. Einmal wird er im Bett mit einer Frau italienischen Likör trinken und ihr vorschlagen, etwas davon auf ihre Möse zu träufeln, um es zu schmecken. Doch der Alkohol wird brennen, und sie wird duschen müssen. Wenn sie wieder ins Bett kommt, wird er sie etwas Likör auf seinen Penis gießen lassen. Auch ihn wird das brennen, und nach spielerischem Gerangel und Gelächter werden sie einschlafen. Während er älter wird und befürchten muß, dieses oder das nächste Mal keine zweite Erektion mehr zustande zu bringen, wird ihm der Gedanken, daß er eine Frau dann immer noch mit der Zunge befriedigen kann, helfen. Eine Frau wird ihm sagen, daß es völlig genüge, einmal zu vögeln und dabei viel zu schmusen und zärtlich zu sein; wer mehr wolle, sei ein Ferkel. Er wird sich an diesen Ratschlag halten, und soweit ihm bekannt ist, hat er nie eine Frau wegen unbefriedigendem Sex verloren. An einem gewissen Punkt – vermutlich wird es damit zu tun haben, daß sich sein ergrauendes Haar nicht mehr zu einer ordentlichen Frisur kämmen läßt – werden ihn Frauen auf der Straße und in Geschäften mit einem schnellen Blick abspeisen, so wie er es sein Leben lang mit unattraktiven Frauen getan hat. Dennoch wird es ihm gelingen, bei gesellschaftlichen Anlässen Kontakte anzubahnen; und bevor er den Sex endgültig aufgibt, wird er sich zugute halten, daß er in nüchternem Zustand nie impotent gewesen ist. «Mein Sexualleben», wird er einem jungen Journalisten bei einem Abendessen nach dem zweiten Drink anvertrauen, «war bewegt und voller Verirrungen, aber es war großartig.»

Er hatte gehört, daß ein Junge in seinem Wohnblock bald an einer seltenen Krankheit sterben würde. Der Junge war blaß und schmächtig, aber ansonsten in Aussehen und Verhalten normal. Der Junge spuckte häufig aus; er wußte nicht, ob das ein Symptom seiner Krankheit war oder eine angeberische Geste. Einmal erzählte ihm der Junge, daß einer seiner Klassenkameraden unter einem Pult hinten im Klassenzimmer seinen erigierten Penis gezeigt habe. «Der war so *gerade*», betonte er mehrfach. Dann zog der Junge weg. Das einzige Kind, das während seiner Zeit in der Grammar School starb, war ein langweiliger, stiller Junge namens Matthew, der daraufhin wie ein Heiliger verehrt wurde. Eine der Nonnen sagte, sie sollten besondere Fürbitten, etwa die um Beistand bei der Erhaltung der eigenen Reinheit, an Matthew im Himmel richten. Einige seiner Freunde aus der Stadt hatten nur noch einen Elternteil; in der Feriensiedlung hatten alle Kinder noch beide. Eines Tages nannte er einen Jungen aus der Stadt, dessen Mutter gestorben war, einen Hurensohn. Der Junge schlug ihm ins Gesicht und sagte: «Wenn du noch einmal meine Mutter beleidigst, bring' ich dich um.» Viele Großeltern starben, aber das war nichts Besonderes. Als die Großmutter eines Jungen starb und sie im Wohnzimmer aufgebahrt wurde, erzählte der Junge, er habe ihre Brüste befühlt, als gerade keiner hinsah. Sein Vater ging jeden Samstag mit ihm zur Großmutter, die zusammen mit zwei Tanten und einem Onkel lebte. Sie war bettlägerig und hatte glattes, weißes Haar, das eine seiner Tanten regelmäßig schnitt. Als diese Großmutter starb, wurde sie im Beerdigungsinstitut aufgebahrt. Besucher sollten sich vor der Leiche hinknien und beten. Eine der Tanten schob ihn nach vorne. Als er den Kopf schüttelte, versuchte sie, ihn von hinten zu schubsen. Er machte sich steif, und nur ein Blick seines Vaters brachte die Tante dazu, ihn in Ruhe zu lassen. Eines Abends, nachdem das Telefon geklingelt hatte, sagte sein Vater seiner Mutter, daß einer von Vaters Brüdern gestorben sei. «Herz?» fragte seine Mutter. «Herz», erwiderte sein Vater, und beide nickten. Neun von den neunzig Schülern seines High-School-Jahrgangs fielen im Krieg. Später erklärte einer der Jesuiten diesen Prozentsatz so: Die Jungen sind katholisch gewesen, also waren es Idealisten; sie hatten sich 1943 zum Dienst gemeldet, als alle sicheren Posten schon besetzt gewesen waren; sie waren nicht älter als achtzehn oder neunzehn, und es blieb keine Zeit für eine ordentliche Ausbildung, die ihren Einsatz nur verzögert hätte. Als sein Vater starb, beobachtete ihn sein eigener Arzt sehr genau. Er sagte, Söhne nähmen sich manchmal den Tod ihrer Väter sehr zu Herzen und entwickelten einen dauerhaften Bluthochdruck. Unmittelbar nach diesem Ereignis passierte nichts, aber etwa ein Jahr später hatte er das Gefühl, jeden Moment an einem Herzinfarkt sterben zu können. Er legte sich zwei Wochen lang ins Bett und grämte sich wegen der Tatsache, daß seine Töchter, die damals sieben und vier Jahre alt waren, ihn überleben würden. Später erzählte er seinem Psychiater davon, der ihn darauf hinwies, daß die Mehrzahl der Menschen fürchtet, daß ihre Kinder sie nicht überleben könnten. Er sah darin eine Zurechtweisung, und der Psychiater versuchte, sich an den genauen Wortlaut der Bemerkung zu erinnern. Als er in der U-Bahn aus der Zeitung einer weinenden Farbigen erfuhr, daß Kennedy erschossen worden war, empfand er einen Moment lang Freude, obwohl er einer seiner Bewunderer gewesen war: Er blieb viele Abende lang auf und sah sich im Fernsehen die Wiederholungen der Pressekonferenzen an, wobei er zu besonders klugen Bemerkungen des Präsidenten die Bierdose erhob oder mit dem Finger schnippte. Von seinen engen Freunden ist bislang keiner eines natürlichen Todes gestorben, obwohl er immer wieder vom Tod früherer Freunde erfährt oder Freunde ihm vom Tod ihrer Freunde erzählen. Eine derartige Nachricht betraf einen Mann seines Alters, der an Kehlkopfkrebs starb. Einen Monat später spürte er eine Verengung im Hals, die weder durch Schlucken noch durch Räuspern zu beseitigen war. Monatelang redete er mit seinem Psychiater darüber, der sich weigerte, hypothetische Fragen zum Thema Krebs zu beantworten, und ihn statt dessen drängte, einen Spezialisten aufzusuchen. Erst als er sich sicher war, daß es ans Sterben ginge und er nichts mehr zu verlieren hatte, ging er hin. Der Arzt untersuchte ihn und sagte, alles sei in Ordnung und er solle bei solchen Beschwerden ein hartes Bonbon lutschen. Inzwischen macht er seine Spielchen mit Nachrufen in der Zeitung. Er greift sich einen beliebigen Nachruf heraus und sagt: «Ich werde im gleichen Alter sterben wie diese Person.» Wenn die fragliche Person jünger war, als er es ist, so heißt das, er hat die Prognose überlebt, also war sie falsch. Ist das Alter wesentlich höher als seines, dann errechnet er die Differenz und sagt sich: «In diesem Zeitraum kann viel passieren.» Liegt das Alter aber nur knapp über dem seinen, dann liest er den Nachruf, um Näheres über den Menschen zu erfahren: «Er war ein

160

Ehrgeizling, jetzt hat er dafür bezahlen müssen» oder
«Theatralische Menschen führen ein aussichtsloses Leben, und dieser hier scheint ziemlich verschroben gewesen zu sein», lauten dann seine Verdikte. Mit zuneh-
mendem Alter wird er gelegentlich versuchen, seine
geheimsten Wünsche zu ergründen, und hofft, dabei auf
einen Lebensüberdruß zu stoßen, der ihm die Todesangst nimmt, wird aber keinen finden.

Literatur bei C. H. Beck

Charles Simmons
Salzwasser. Roman
Aus dem Amerikanischen von Susanne Hornfeck
2000. 136 Seiten. Gebunden

«Im Sommer 1963 verliebte ich mich, und mein Vater ertrank.»

So beginnt die Erzählung über einen Sommer, an dessen Ende nichts mehr so war wie zuvor: Wie jedes Jahr verbringt der fünfzehnjährige Michael die Ferien mit seinen Eltern am Atlantik. Die alljährliche Idylle ändert sich, als die verführerische Mrs. Mertz mit ihrer zwanzigjährigen Tochter Zina im benachbarten Gästehaus einzieht. Die Andersartigkeit und Offenheit, die die beiden Frauen umgeben, faszinieren nicht nur Michael.

Augenblicklich verliebt er sich in die schöne Zina und ist ihren Kapriziosen hoffnungslos ausgeliefert. Als er jedoch seine romantischen Gefühle ihr gegenüber auf die grausamste Art und Weise verraten sieht, bricht für ihn die unschuldige Welt seiner Kindheit zusammen, und es kommt zum tragischen Ende eines Sommers.

«...ein leises, intensives Buch, ein melancholisches Abschiednehmen von der Jugend, von den Illusionen des Glücks und vom Sommer.»
Elke Heidenreich

«Geschliffen leichte Dialoge, eine unauffällig genaue Figurenpsychologie, eine hinterhältige Dramaturgie bestimmen dieses europäisch-amerikanische Buch.»
Süddeutsche Zeitung

«Salzwasser ist ein kleines Meisterwerk!»
NYT Book Review

Literatur bei C. H. Beck

Paula Fox
Was am Ende bleibt
Roman
Aus dem Amerikanischen von Sylvia Höfer
2000. 201 Seiten. Gebunden

Die Wiederentdeckung einer Autorin, die in einer Reihe mit den großen amerikanischen Erzählern zu nennen ist: mit Raymond Carver, Richard Ford, John Updike und James Salter – mit «Was am Ende bleibt» legt Paula Fox ein präzise gezeichnetes und gleichzeitig ironisch inspiriertes Psychogramm einer Ehe vor, in dem sie eine Frage stellt: Was ist schlimmer, der Schmerz oder die Angst vor ihm? Nach seiner kürzlichen Neuauflage in den USA wurde der Roman von der Kritik als «eines der wichtigsten amerikanischen Bücher dieses Jahrhunderts» bezeichnet.

«Eine Meisterschaft der Verknappung.»
Spiegel-Reporter

«... ein großes poetisches Dokument des erzählerischen Realismus Amerikas.»
Hellmuth Karasek, Der Tagesspiegel

«Mit großem Feingefühl und Intelligenz geschrieben ... hochbeachtlich und sehr lesenswert.»
Marcel Reich-Ranitzki

«Grandios erzählt»
Mathias Schreiber

Literatur bei C. H. Beck

Paula Fox
Kalifornische Jahre
Roman
Aus dem Amerikanischen von Susanne Röckel
2001. Etwa 464 Seiten. Gebunden

Amerika 1940: Die USA sind im Begriff, in den Krieg einzutreten; die Bevölkerung hat sich gerade von der Depression erholt; zahlreiche europäische Emigranten prägen das tägliche Leben. Und in dieser merkwürdigen – und heute längst nicht mehr existierenden – Welt zieht die siebzehnjährige Protagonistin Annie Gianfala für einige Jahre von New York nach Kalifornien. Annies Schicksal ist verwoben mit dem der Menschen, denen sie begegnet, unter ihnen drei Männer, die für sie besonders wichtig werden: ihr Vater, ihr späterer Ehemann und ihr Geliebter.

«Kalifornische Jahre» ist eine Variation des klassischen Bildungsromans, geschrieben in der Tradition der besten amerikanischen Erzähler der Moderne, mit denen Paula Fox mittlerweile in einem Atemzug genannt wird: zurückhaltend und undramatisch, nüchtern und genau, und versehen mit einem überraschenden Reichtum an Details und Farbe, der die Vierziger Jahre im Umkreis von Hollywood auf schillernde Art wiederaufleben läßt.

Paula Fox wurde 1923 in New York geboren, wo sie heute noch lebt. Sie veröffentlichte zahlreiche Kinderbücher, für deren Gesamtwerk sie 1978 mit dem Hans-Christian-Andersen-Preis ausgezeichnet wurde. 2000 erschien bei C. H. Beck ihr bereits 1971 in den USA veröffentlichter Roman «Was am Ende bleibt», der sich binnen kurzem zu einem großen Presse- und Verkaufserfolg entwickelte.

Literatur bei C. H. Beck

Keith Ovenden

Eine Art Vermächtnis

Roman

Aus dem Englischen von Christa Seibicke

2000. 275 Seiten. Gebunden

Am Sonntag wird Moser tot in seinem Bett aufgefunden. Er war 39 Jahre alt, neben ihm findet sich ein leeres Aspirinfläschchen und ein Umschlag mit dem Namen seiner Frau: Vita. Sein engster Freund Philip beginnt nun, Mosers Leben aus Einzelstücken – gleichsam wie ein Puzzle – zusammenzusetzen. Während seiner Beschäftigung mit Mosers Leben stellt sich ihm immer häufiger die Frage: Woraus besteht die Biographie eines Menschen wirklich: aus dem, was er erlebt hat, oder aus dem, was er erlebt zu haben glaubte?

Angesiedelt vor der malerischen Kulisse der Universitäten von Oxford ersteht das Bild einer langen Freundschaft zwischen zwei Männern, die unterschiedlicher nicht sein könnten. «Eine Art Vermächtnis» ist ein unterhaltsames, intelligentes, stellenweise tieftrauriges, dann wieder sehr heiteres und vor allem ein kluges Buch über Freundschaft und über das Bild, das wir uns von dem anderen machen.

Keith Ovenden hat Englische Literatur und Politik in Keele/Mittelengland studiert und in Oxford promoviert. Ovenden war zunächst Lehrbeauftragter an der Universität in Essex und arbeitete später als freier Journalist beim Rundfunk. Nach mehreren Aufenthalten in den USA, Neuseeland, Frankreich und Polen lebt er heute in Washington. Neben seinen wissenschaftlichen Arbeiten hat er mehrere Romane veröffentlicht. «Eine Art Vermächtnis» ist der erste Band einer Trilogie.